Marianne Uhl ·
Barbi und Karsten Schloberg

Aktiviere Deine Selbstheilung!

Wunder sind die Selbstheilung der Natur.

Inhaltsverzeichnis

Vorwort

Liebe Leser,

mit diesem Buch geben wir Ihnen Erfahrungswerte und Erkenntnisse aus unserer Praxisarbeit an die Hand, um die Selbstheilungskräfte in Körper, Geist und Seele optimal aktivieren zu können. Sie finden darin viele Fallbeispiele und Gedankenanregungen, um für sich selbst Impulse zu finden, sie in die Tat umzusetzen und somit eigene Erfolge in der Selbstheilung zu erreichen.

Wenn sich Ihr Körper mit Signalen des Unwohlseins, mit Schmerz oder Krankheit meldet, dann sind das Hinweise auf eine Disharmonie in Ihrem Sein. Legen Sie Ihr Bemühen ab, die Ursache dafür bei anderen finden zu wollen. Sie selbst sind dafür verantwortlich! Denn jede körperliche Störung hat ihren Ursprung im eigenen Denken und Fühlen, also in geistig-seelischen Strukturen. Wie sonst sollten wir fehlgesteuerte Strukturen im Denken, Fühlen oder Verhalten erkennen, wenn sie nicht unser Körper sichtbar und spürbar werden ließe?

Aus dieser Einsicht ergibt sich eine wunderbare Chance: Über die Umwandlung aller negativen Strukturen, die zu der körperlichen Störung geführt haben, können Sie die absolute Selbstheilung vollziehen!

Der Weg dahin führt über das Erkennen, indem Sie verstehen, welche Botschaft Ihnen Ihr Körper vermitteln möchte. Sie können dazu dieses Buch als eine Art „Übersetzungshilfe" nutzen:

Zu jedem Organbereich finden Sie die zugeordneten geistig-seelischen Aspekte, erklärende Fallbeispiele und eine Checkliste zur Selbstanalyse.

So hoffen und wünschen wir, Sie mit diesem Buch zu Erkenntnissen zu führen, die Ihnen den Weg zur Selbstheilung aufzeigen und so das Tor zur absoluten Harmonie von Körper, Geist und Seele öffnen.

Ihre Autoren

Marianne Uhl   Barbi Schloberg   Karsten Schloberg

Praktische Hinweise

Beim Lesen dieses Buches kann es Ihnen geschehen, daß Sie stellenweise innehalten und sich sagen: „Ja, das habe ich auch. Das trifft auch auf mich zu." Oder Sie erkennen, weshalb Ihnen eine bestimmte Lebenssituation immer wieder begegnet. Auch können Sie körperliche Reaktionen spüren, denn schließlich aktivieren die Erkenntnisprozesse, die beim Lesen angeregt werden, die körpereigenen Selbstheilungskräfte. So kann es auch sein, daß Ihnen alte Situationen wieder in den Sinn kommen, Tränen aufsteigen oder Sie in Träumen das Gelesene verarbeiten.

Begrüßen Sie diese Reaktionen!

Das Buch soll ja etwas bewirken – nämlich Ihnen helfen, die eigene Selbstheilung zu aktivieren. Und dabei löst sich eben alles, was an altem Ballast in Körper, Geist und Seele gespeichert ist. Im Kapitel „Die fünf Stufen der Selbstheilung" erfahren Sie, wie Sie mit solchen Situationen umgehen können.

Jeder ist für sich selbst verantwortlich! So weisen wir ausdrücklich darauf hin, daß die in diesem Buch vorgestellten Empfehlungen keine Alleintherapeutika sind, sondern Hilfen zur Selbsthilfe, die bei Bedarf die Behandlung durch einen Arzt oder Heilpraktiker sinnvoll ergänzen können.

Selbstheilung – was ist das?

Betrachten wir die beiden Wortbestandteile, so erklärt sich der Begriff „Selbstheilung" als die Fähigkeit, sich selbst zu heilen – oder anders ausgedrückt: das eigene Selbst zu heilen. Das klingt zunächst einfach und läßt doch gleichzeitig wieder neue Fragen aufkommen. Denn wie definiert sich das „Selbst", und wann ist es „heil"?

Am menschlichen Körper läßt sich das leicht veranschaulichen: Der optimale Gesundheitszustand ist dann gewährleistet, wenn alle Organe ihre Funktion erfüllen. Doch das reicht nicht aus, um den Menschen in seinem Heil-Sein zu erfassen. Denn der Mensch ist mehr als nur die Summe seiner Körperzellen, die sich zu einer biologischen Einheit zusammengeschlossen haben. Der Mensch hat Gefühle, er denkt und empfindet, handelt und reagiert auf seine Umwelt. All das ist mehr als der bloße Körper. Denn es ist die Einheit von Körper, Geist und Seele, die den Menschen, sein Selbst ausmacht.

Diese drei Bereiche sind dann als „heil" zu bezeichnen, wenn sie im harmonischen Einklang stehen. Das eigene Empfinden signalisiert uns, wann wir diesen Zustand erreicht haben:

· Der Körper fühlt sich wohl, er ist gesund und voller Lebenskraft.
· Der Geist ist entspannt, unsere Gedanken sind frei, ruhig und klar.

· Die Seele empfindet ein Glücksgefühl, Lebensfreude und inneren Frieden.

In diesem Zustand schöpfen wir aus unserem vollen Energiepotential. Wir sind im Einklang mit unseren Handlungen in der Grobstofflichkeit des Körpers, erfassen klar mit unserem Geist und nehmen über das Gefühl der Seele unsere Umwelt wahr. – Ein lohnendes Ziel und gleichzeitig *die* Herausforderung unseres Seins.

Die Herausforderung unseres Seins

Täglich begegnen uns Menschen, Situationen und Aufgaben, die wir zu bewältigen haben. Der Sinn dieser ständigen Veränderung liegt darin, Erfahrungen zu sammeln, den Geist zu schärfen und seelisch zu reifen. Der Körper stellt sich hierfür als „Werkzeug" zur Verfügung. Er ist quasi die Ebene, auf der uns die Herausforderungen unseres Seins hautnah veranschaulicht werden. In dieser Grobstofflichkeit spielt sich alles wie auf einer Bühne ab. Und hier erkennen wir, welche Lernaufgaben sich uns stellen.

Betrachten wir das an einem Beispiel: Stellen Sie sich eine Prüfungssituation vor, in der angelerntes Wissen abgefragt wird. Schon der bloße Gedanke daran löst sicherlich bei vielen Streßgefühle und Nervosität aus. Viele reagieren vor dem Prüfungstermin mit feuchten Händen, Magendruck und anderen körperlichen Erscheinungen. Obwohl lediglich einstudiertes Gedankengut abgefragt werden soll, reagiert nicht nur der Geist, sondern auch das Gefühl und der Körper. Da alle drei Ebenen miteinander verknüpft sind, gerät das Gleichgewicht aus den Fugen. Ist die Situation dann bewältigt, regenerieren wir uns wieder und kehren über diesen Vorgang, der durchaus als eine Art der Selbstheilung zu bezeichnen ist, wieder in einen harmonischen Zustand zurück.

14

An diesem Beispiel erkennen Sie, wie sich Gedankenformen auswirken können. Und machen Sie sich bewußt, daß Sie ständig etwas denken und dadurch Gedanken formen und aussenden. Gedanken sind Energie, und sie sind bereits in dieser Form existent und wahrnehmbar.

Deshalb ist es Ihnen sicherlich auch schon so ergangen, daß Sie in einen Raum gekommen sind, in dem gerade zwei Personen miteinander gestritten haben, und Sie sagen: „Hier ist aber dicke Luft!" Sie haben dann die Gedanken, die noch im Raum standen, aufgenommen und deutlich als unangenehm empfunden. – In einer solchen Situation hilft dann im wahrsten Sinne des Wortes ein „klärendes Gespräch".

Wenn aber bereits solche Situationen momentaner Streitdialoge so deutlich negativ spürbar sind, ist es dann nicht einleuchtend, daß über längere Zeit geformte Negativ-Gedanken sich auch körperlich manifestieren können?

Die Fußreflexzonen

Auf die Spur kommen wir diesen Vorgängen mit Hilfe der Fußreflexzonen. Dies sind die Nervenendpunkte in den Füßen, die Dr. med. William H. Fitzgerald in seiner Zonentherapie im Jahr 1913 der medizinischen Fachwelt darstellte. Dies war im Grunde keine Neu-, sondern nur eine Wiederentdeckung, denn schon Wandtafeln im alten Ägypten zeigen die Anwendung der Fußreflexzonenmassage.

Diese Methode ermöglicht es, über das genaue Abtasten der Zonen ein vollständiges Bild über den körperlichen Zustand zu gewinnen, das alle Störungen und Manifestationen negativer Gedankenmuster sichtbar werden läßt. Darauf aufbauend kann über das Massieren der Reflexzonen eine Aktivierung der Organdurchblutung angeregt werden, so daß der Körper in seiner Regeneration wirkungsvoll unterstützt wird.

Über die Fußreflexzonen können also die körpereigenen Selbstheilungskräfte aktiviert werden. Über die spezielle Methode der Chakra-Energie-Massage[1] kann zusätzlich aber auch ganz gezielt der geistig-seelische Aspekt angesprochen werden. Dabei wird die Tatsache genutzt, daß der Körper mit Energiefeldern in Verbindung steht, die diese Aspekte in sich tragen.

Die Energiefelder

Die eben beschriebene Situation, in der die im Raum stehenden Gedankenformen eines vorangegangenen Streitgespräches wahrgenommen wurden, illustriert, daß es Vorgänge gibt, die materiell zwar nicht greifbar sind und dennoch existieren. Es handelt sich dabei um energetische Vorgänge: Jede Handlung, jeder Gedanke, jedes Gefühl – alles ist Energie!

Diese Energien werden gesteuert und beeinflußt über die menschlichen Energiezentren, die als Chakren bezeichnet werden. Sie liegen im energetischen Ausstrahlungsbereich des Menschen, in seiner Aura. Da dieser Bereich nicht wie grobstoffliche Materie direkt greifbar ist, wird er auch als feinstofflich charakterisiert.

Die Existenz dieser Energiefelder in der Aura ist wissenschaftlich belegt und doch vielen nicht bewußt. Zwar sind sie nur für besonders feinfühlige Menschen ohne weitere Hilfsmittel sichtbar, gefühlt hat sie aber jeder schon. Ein gutes Beispiel dafür ist die Situation in einem Aufzug: Jeder steht unbeweglich da und fühlt sich unangenehm bedrängt, obwohl er keinen der Mitfahrenden berührt. Das kommt daher, daß die Aura des einzelnen zusammengedrückt wird und mit den Ausstrahlungsbereichen der anderen in enge Berührung kommt, was als unangenehmer Druck unbewußt wahrgenommen wird.

---

1   siehe Bibliographie: Uhl, „Chakra-Energie-Massage"

In dem feinstofflichen Bereich der Aura zeigt sich der energetische Zustand von Körper, Geist und Seele. Sobald negative Störungen in nur einem Bereich dieses Systems auftreten, werden diese, wenn sie nicht rechtzeitig erkannt und aufgelöst werden, körperlich in Form von Krankheit sichtbar.

Erkennen Sie jedoch die geistig-seelische Struktur und können diese positiv umwandeln, kann die Lebensenergie wieder frei fließen – die Selbstheilungskräfte werden aktiviert und können wirken.

Licht ist Energie

Die Energie, die dabei freigesetzt wird, können Sie sich als Licht vorstellen. Dies entspricht auch den biologischen Vorgängen in unseren Körperzellen: Bei gesundem Stoffwechsel werden ständig Licht- und Energieimpulse in Form der Biophotonen ausgesandt. (Dieser Vorgang ist in hochtechnisierten Apparaturen auch sichtbar.)

Licht ist die Energie zur Selbstheilung!

Daher tauchen in diesem Buch auch immer wieder die Begriffe „Licht" und „lichtvoll" auf, um Ihre gedankliche Vorstellungskraft anzusprechen. Gleichzeitig löst sich mit diesen Worten die Unterscheidung in „positiv" und „negativ" auf, die allein durch die persönliche Wertung entsteht. Sie gewinnen dadurch eine Freiheit und Unabhängigkeit, die ein unendliches Energiepotential eröffnet.

Über dieses Buch

Allen Herausforderungen gewachsen zu sein, das Leben zu meistern, ist der große karmische Auftrag eines jeden. Die uns begegnenden Aufgaben und Lernprozesse erscheinen uns dabei so lange als Hindernis, bis wir ihren verborgenen Sinn erkannt haben – dann können wir sie auch bewältigen.

Doch nicht immer ist es leicht, den Sinn, das heißt die geistig-seelische Struktur hinter den Ereignissen, zu erkennen. So kommt es, daß die Gedanken, Gefühle und Verhaltensweisen manchmal fehlgeleitet werden. Wie im vorangegangenen Kapitel beschrieben, entstehen dadurch negative Energie- und Gedankenformen, die sich aufbauen und verstärken. Irgendwann sind sie dann so stark, daß sie körperlich spürbar werden. Der Körper reagiert mit Schmerzen und signalisiert: Hier stimmt etwas nicht! Spätestens jetzt sollten Sie einmal über sich selbst nachdenken, ob und wo Sie eine Disharmonie in der Einheit von Körper, Geist und Seele zulassen.

Um Ihnen dabei eine Hilfestellung zu geben, finden Sie in diesem Buch zu jedem Organbereich entsprechende Hinweise und Anregungen. Nutzen Sie das Buch als Ratgeber und Nachschlagewerk für sich selbst oder in ihrer therapeutischen Arbeit, um die Signale des Körpers zu entschlüsseln.

Dabei spielt es keine Rolle, ob es sich um ein momentanes „Wehwehchen", ein schweres chronisches Krankheitsbild, einen Unfall, eine Verletzung oder eine Operation handelt. Die grundlegende Aussage des Organs ist immer gleich. Deshalb ist das Buch auch nicht nach Krankheiten aufgebaut, sondern geht vom gesunden Körper mit seinen einzelnen Organen aus. Lediglich die Intensität und Ausgestaltung der Symptomatik ist unterschiedlich: Je länger eine blockierende Gedankenform existiert und immer wieder neu verstärkt wird, um so größer ist ihre Wirkung auf den Körper.

Erkennen Sie darin auch die faszinierende Möglichkeit, die sich Ihnen bietet? Sie können ab sofort frühzeitig Ihr Verhalten überprüfen und Ihre Selbstheilungskräfte immer stabil halten. Damit entwickeln sich ein Körpergefühl und eine Bewußtheit, die es Ihnen ermöglichen, Ihr inneres Gleichgewicht in jeder Situation zu wahren.

Der Aufbau der Einzelkapitel

Im Hauptteil des Buches finden Sie zu jedem Organbereich ein eigenes Kapitel. Jedes Einzelkapitel ist nach folgendem Schema aufgebaut:

· Körperliche Funktion
· Körperliche Störungen
· Zuordnung in den Fußreflexzonen
· Geistig-seelischer Aspekt
· Checkliste
· Fallbeispiel
· Affirmationen

Diese Untergliederung in sieben Teilabschnitte zeigt Ihnen leicht nachvollziehbar die logische Verbindung zwischen der rein körperlichen Funktionsstruktur und dem zugehörigen geistig-seelischen Aspekt. Die Beschreibung der Fußreflexzonen und die Checkliste ermöglichen Ihnen eine persönliche Bestandsaufnahme. Das Fallbeispiel veranschaulicht, wie Sie die Thematik in einer konkreten Situation analysieren können, um diese Erkenntnisse auch auf die eigene Situation zu übertragen. Die Affirmationen geben Ihnen schließlich lichtvolle Impulse, die Selbstheilung kraft der Gedanken zu aktivieren.

   Die folgenden Informationen über den Aufbau helfen Ihnen, die einzelnen Abschnitte spezifisch und gezielt aufzusuchen.

Körperliche Funktion:

Im ersten Abschnitt eines jeden Kapitels finden Sie als Einleitung eine kurze Darstellung über Aufbau, Lage und Aufgabe des jeweiligen Organs. Dabei haben wir uns bemüht, die Vorgänge möglichst verständlich auszudrücken, um auch medizinischen Laien eine klare Vorstellung zu vermitteln.

Körperliche Störungen:

Hier finden Sie zu Ihrer Information eine alphabetisch sortierte Auflistung möglicher Symptomatiken und Krankheitsbilder, die in dem dargestellten Organbereich auftreten können. Die Liste erhebt natürlich keinen Anspruch auf Vollständigkeit, sondern beschränkt sich auf die häufigsten Störungen.

Auch hier wurden medizinische Fachbegriffe so weit wie möglich vermieden; für manche Krankheiten gibt es jedoch keine allgemeinverständlichen Bezeichnungen.

Zuordnung in den Fußreflexzonen:

Neben den Übersichtstafeln zur bildhaften Darstellung der Fußreflexzonen auf den Seiten 206–212 geben wir Ihnen in diesem Abschnitt spezielle Hinweise für die jeweilige Reflexzone. Dies betrifft vor allem auch Anmerkungen zur Lage und Grifftechnik. So können Sie selbst den körperlichen Aspekt des jeweiligen Organbereichs über die Fußreflexzonen erspüren.

Geistig-seelischer Aspekt:

Mit diesem Abschnitt geht die Darstellung von der körperlichen Ebene in den Bereich von Geist und Seele. Allgemeine Deutungen und Interpretationsansätze ermöglichen es Ihnen, jegliche

Erscheinungsform von körperlichen Disharmonien zu analysieren. Nutzen Sie diesen Abschnitt als Gedankenanregung, um die tiefere Bedeutung zu verstehen. Hier erschließen sich für Sie Erkenntnisse, die Ihnen hoffentlich viele „Aha"-Ausrufe entlocken.

Teilweise wird hier auch an sprichwortähnlichen Ausdrucksformen aus dem Volksmund die Symbolik illustriert. Denn hinter vielen vordergründig recht komisch klingenden Redewendungen steckt oft eine tiefe Weisheit. In diesem Sinne möge Ihnen mit den Hinweisen in dieser Rubrik „ein Licht aufgehen", „ein Geistesblitz widerfahren" oder „eine Erleuchtung geschehen".

Checkliste:

Nach der thematischen Einführung in den geistig-seelischen Aspekt finden Sie in der Checkliste eine Auswahl von Fragestellungen, die den jeweiligen Organbereich auf Disharmonien zu überprüfen hilft.

Sobald Sie eine Frage auf sich beziehen können, möge Sie das anregen, sich mit diesem Thema einmal ehrlich auseinanderzusetzen. Sie können dies ganz für sich alleine tun. Manchmal ärgert es Sie vielleicht, oder Sie fühlen sich ertappt. Doch seien Sie sich gewiß: Es ist eine liebevolle Hilfestellung, um sich selbst zu erkennen. Denn Einsicht ist der erste Schritt zur Selbstheilung!

Fallbeispiel:

Nachdem Sie nun die allgemeine Bedeutung kennen und auch wissen, wie man den Themenbereich mit entsprechenden Fragestellungen eingrenzen kann, geht es jetzt in die Praxis. Wir haben hier für Sie ein Beispiel (manchmal auch mehrere) aus unserer Praxiserfahrung ausgesucht, das Ihnen die Wechselwirkung zwischen Körper, Geist und Seele veranschaulicht. Vor allem wird deutlich, wie die endgültige Wiederherstellung nur durch den

23

Schritt des Erkennens in Gang gesetzt werden kann. Erst dann vollzieht sich die Selbstheilung, und die Regenerationskräfte können sich voll entfalten.

In diesem Abschnitt möchten wir Ihnen gerne auch ein wenig Lesefreude bereiten. So sind die Beispiele größtenteils sehr anschaulich geschildert und entlocken Ihnen beim Lesen vielleicht ein Schmunzeln. Das ist natürlich auch erlaubt, auch wenn dahinter immer eine tiefe Ernsthaftigkeit liegt.

Selten ist dabei klar zu erkennen, wer letztendlich im geschilderten Fall der Therapeut war. Da wir drei Autoren in unserem Team eng zusammenarbeiten, ist das für uns auch unerheblich. So kommt es, daß die Beispiele manchmal in der Ich-Form und teilweise in der Wir-Form erzählt sind. Sehr wichtig ist uns aber, daß Sie in den Beispielen den Sinn und den Schritt in die Selbstheilung, den die Patienten selbst vollzogen, erkennen.

Gleichzeitig möchten wir an dieser Stelle darauf hinweisen, daß wir von tatsächlich erlebten Beispielen aus unserer therapeutischen Tätigkeit erzählen. Da wir uns auf die Arbeit mit Fußreflexzonen spezialisiert haben, können wir natürlich auch nur aus dieser Praxisform berichten. Selbstverständlich achten und respektieren wir alle anderen Therapieformen und Behandlungsmethoden.

Das wesentliche ist, daß Sie an den jeweils aufgeführten Beispielen das Grundprinzip verstehen. Denn jeder Organbereich hat bestimmte Funktionen, Mechanismen und geistig-seelische Zuordnungen. Lassen Sie Ihren Geist in die Schilderungen eintauchen, und Sie werden selbst die Aussage erspüren und erfassen können!

Zum Stichwort Krebs sei gesagt, daß diese Erkrankung überall auftreten kann und immer eine tiefe Verletzung im jeweiligen geistig-seelischen Themenbereich signalisiert. Dabei ist es dank unserer hochtechnisierten Medizin möglich, in solche entarteten Zellbereiche operativ einzugreifen und diese zu entfernen. Zu-

sätzlich möchten wir Ihnen nahelegen, die negativen Gedankenformen, die dieses Krankheitsbild zugelassen haben, ebenfalls mit
in den Heilungsprozeß einzubeziehen.

Die Fallbeispiele werden Sie sicherlich herausfordern. Und je
nach Erfahrungsstand werden Sie es möglicherweise als anma-
ßend oder verwerflich empfinden, daß sich ein Krankheitsbild aus
den dargestellten Beweggründen formen könnte. Doch lassen Sie
sich inspirieren! Für uns gibt es keine Zweifel mehr – und vielleicht findet es auch in Ihnen eine Bestätigung und gibt Ihnen
wertvolle Hilfestellung und Inspiration.

Affirmationen:

Festgestellte Erkenntnisse erfordern auch eine Umsetzung in die
Realität. Dazu gehört zum einen natürlich der grobstoffliche Teil
in Form von Handlungen und Taten, zum anderen aber auch der
geistig-seelische Teil. Hier ist es hilfreich, lichtvolle Gedanken zu
formen, um so die Selbstheilung im feinstofflichen Bereich zu
aktivieren. Die gegebenen Beispielsätze können Sie nutzen, um
zu einem neuen Denken und Erleben zu gelangen. Oder formen
Sie sich eigene Leitsätze.

Affirmieren bedeutet, diesen Satz sich selbst mehrmals täglich
zu sagen – laut oder auch nur gedanklich. So setzen Sie in Ihrem
Geist alle Energien für die Bewältigung Ihrer momentanen Lernaufgabe frei. Ihr Seelenpotential kann Ihnen dann zusätzliche Impulse vermitteln, und Sie werden sehen, daß sich der Erfolg ein-
stellt.

Die fünf Stufen der Selbstheilung

1. Stufe: Erkennen

Es ist wichtig, sich bewußtzumachen, daß eine körperliche Symptomatik niemals allein aus sich selbst heraus existiert. Sie hat ihre Ursache immer im Lebensumfeld. Sie kann daher auch nicht für sich alleine „bekämpft" werden. Es kann zwar körperliche Linderung erreicht werden, aber solange die dahinterliegende Thematik nicht erkannt wird, tauchen die Symptome in gleicher oder abgewandelter Form immer wieder auf. Durch ein Aufarbeiten dieser Herausforderung werden jedoch die harmonisierenden Kräfte in Ihrem Bewußtsein geweckt und ermöglichen Ihnen eine vollkommene Ganzwerdung und Genesung.

Schon allein die Betrachtungsweise, die wir Ihnen mit unseren Worten nahebringen möchten, wirkt wie ein Schlüssel zur Selbstheilung: Vermeiden Sie die Bezeichnung „Problem", denn dieses Wort ist im Sprachgebrauch mit negativen Assoziationen belegt. Sprechen Sie statt dessen ganz bewußt von Herausforderungen, Themen oder Aufgaben.

Horchen Sie beim Lesen in sich hinein, welche Impulse Sie für sich bekommen. Nutzen Sie die Checkliste, und erkennen Sie die Chance, die Ihnen die körperlichen Symptomatiken zeigen möchten. Mit dem Erkennen und Verstehen verliert jede Lernaufgabe ihre bedrückende Last! Sie wechseln dann aus der Position des Leidens und Erduldens in die aktive Position des Meisters. Sie haben den Schlüssel in der Hand, sich selbst wieder in Einklang zu bringen. Nutzen Sie dazu die Kraft Ihrer Gedanken, indem Sie die Affirmationen verwenden.

Kurz: Immer wenn Sie eine Frage aus der Checkliste für sich als zutreffend annehmen können, stellt sich für Sie eine aktuelle Situation als Lernprozeß dar. Begrüßen Sie diese folgenreiche Erkenntnis, denn sie ist bereits die erste Stufe auf dem Weg in die Bewältigung dieser Lernaufgabe.

2. Stufe: Gedankenformen umwandeln

Im zweiten Schritt gehen Sie nun in eine ruhige Phase. Schließen Sie die Augen. Stellen Sie sich geistig die festgestellte Herausforderung vor.

Gehen Sie dann so vor, daß Sie alles in Licht hüllen – jedes Wort, jeden erkannten Satz und jeden Aspekt der Situation. Verstärken Sie dieses Licht, indem Sie die Schöpfung, die Natur bitten, Sie zu unterstützen, dieses Negative aufzulösen und das Positive für Sie gelten zu lassen, um in den Ausgleich der Elemente, in die Reinheit des Lichts zu kommen.

Stellen Sie sich dann gedanklich vor, wie sich der belastende Satz, die schmerzvolle Erfahrung auflöst wie eine Rauchschwade oder wie ein Tropfen im Meer. Lassen Sie alles los und vergessen Sie es.

Dieses so unscheinbar anmutende und doch so machtvolle Energiebild ist in der Lage, eine vollkommene Veränderung zu bewirken, eine Erlösung zu bringen.

Sicherlich werden Sie denken, daran müsse man glauben. – Richtig! Genau das ist es: Glauben Sie an sich selbst und die Kraft Ihrer Gedanken. Jeder Gedanke ist Energie! Und nähren Sie daher ab sofort Ihre Gedanken nicht mehr mit Fehlinformationen. Dann werden Ihnen Ihr Glaube und Ihre innere Stimme signalisieren, daß alles auflösbar ist, was Sie je negativ geformt haben, wenn Sie willens sind, sich lichtvolle Energien zum Lebensinhalt zu machen.

3. Stufe: Selbstheilungsenergie verstärken

Bei massiven Störungen und Blockaden ist das zuvor beschriebene Energiebild zur Auflösung die Initialzündung, die den Vorgang der Selbstheilung aktiviert. Wenn dadurch noch nicht alles gelöst ist, spüren Sie in sich hinein: Wo liegt der Schwerpunkt? Im Körper oder auf geistig-seelischer Ebene?

Gehen Sie dann gezielt an den Schwerpunkt: Dort, wo die Herausforderung für Sie wahrnehmbar ist und damit greifbar wird, setzen Sie die folgenden Hilfen ein, bis der harmonische Gleichklang wiederhergestellt ist.

Für den Körper:

Nutzen Sie die angegebenen Fußreflexzonen! Sicherlich ist Ihnen bekannt, daß es zahlreiche Handbücher über die reine Technik der Reflexzonenarbeit nach Eunice Ingham und Dr. Fitzgerald gibt. Dieses Buch will die Palette nicht erweitern, sondern darauf aufbauend eine Bewußtwerdung tieferer Erkenntnisbereiche sein.

Zum Verständnis sei hier kurz erläutert, daß es sich bei den Fußreflexzonen um Nervenendpunkte handelt. (Die Anordnung ersehen Sie aus den Abbildungen auf Seite 206 ff.) Grundsätzlich sind die Reflexzonen immer über Kreuz angeordnet, beispielsweise linke Niere am rechten Fuß und umgekehrt. Dies gilt für alle paarigen und in der Mittelachse liegenden Organe. Die nur einmal im Körper vorhandenen und nicht in der Mittelachse liegenden Organe (Herz, Milz, Leber und Gallenblase) sind jeweils am Fuß der gleichen Körperseite zu finden.

Die Fußreflexzonen können bei jedem angewendet werden. Es sei denn, eine der folgenden Gegenanzeigen liegt vor: offene

Wunden und Operationsnarben, die noch nicht vollständig aus-
geheilt sind; heiße Krampfadern und Thrombosen.

Grundsätzlich wird zunächst jede Reflexzone genau abgetastet,
um Ablagerungen zu erfühlen. Danach wird ganz individuell ein
Massageprogramm zusammengestellt.

Eine Reflexzone wird maximal 7½ Minuten lang mit kreisender Druckbewegung des Daumens massiert. Nehmen Sie dafür
eine Creme mit nivea-ähnlicher Konsistenz zu Hilfe. Sie können
diese Technik nutzen, um durch die Selbstmassage der entsprechenden Zonen die Durchblutung im Körper in den Optimalzu-
stand zu bringen.

Natürlich ist das kein Alleintherapeutikum, denn gesundheit-
liche Störungen gehören in die Hände eines Arztes, Zahnarztes
oder Heilpraktikers (ausdrücklich dann, wenn sich die Zonen beim
Abtasten und Massieren rot oder dunkel verfärben). Die Methode ist aber auf jeden Fall eine unterstützende Hilfe zur Selbsthilfe,
die von jedem erlernt und für sich selbst angewendet werden kann
(siehe Anhang). Vor allem aber schenkt sie Ihnen Gelegenheit,
sich während der Massage einmal mit sich selbst zu beschäftigen
und Ihrem Körper etwas Gutes zu tun.

Für Geist und Seele:

Liegt Ihr Schwerpunkt im geistig-seelischen Bereich, so empfehlen wir Ihnen Meditationen und Affirmationen.

Generell unterstützt Meditation das Erkennen und Aufarbeiten geistig-seelischer Strukturen. Unterstützend ist es dabei, sich
von Musikschwingungen tragen zu lassen. Um schneller zum Erfolg zu kommen, ist es zusätzlich empfehlenswert, sich von einer
gesprochenen Meditationsanleitung führen zu lassen. Nutzen Sie
dazu Musikfrequenzen, die Ihre Energien harmonisieren. (Entsprechende Empfehlungen aus unserer Praxisarbeit finden Sie im
Anhang auf Seite 217 f.)

Als Beispiel möchten wir Ihnen folgenden kurzen Meditations-
text zur Verfügung stellen, den Sie sich selbst auf eine Tonband-
kassette aufsprechen können, um damit zu arbeiten:

„Ich mache mir bewußt,
in meinem Jetzt-Sein mit beiden Füßen
auf dem Boden zu stehen.
Und ich erkenne dadurch die Einheit der Energien
von Körper, Geist und Seele.
Diese Dreiheit ist die Lebensform,
die ich bei meiner Geburt in dieses Jetzt-Sein
angenommen habe,
um den Weg zurück in das Lichtsein
harmonisch und friedvoll
und voller Erkenntnis
einer persönlichen Weiterentwicklung zu gehen.
Mein lichtvoller Geist lenkt meinen Körper."

Diese meditativen Erkenntnisse sind große Schritte zur Auflösung vieler Blockaden auf dem karmischen Weg in eine Selbstheilung und in eine innere Befreiung.

Um gezielt blockierende Gedankenformen aufzulösen, können
Sie außerdem eine Schreibmeditation durchführen: Suchen Sie
sich eine Gelegenheit, sich allen Druck und Ballast „von der Seele
zu schreiben":
    Nehmen Sie ein leeres Blatt Papier und lassen Sie einfach Ihre
Gedanken fließen ... Schreiben Sie jede Emotion, jedes negative
Wort, jeden belastenden Gedanken auf dieses Blatt. Damit geben
Sie den aufgestauten Energien eine neue Form, die nun greifbar
ist.
    Wenn Sie nun dieses Blatt verbrennen, bitten Sie gedanklich
um die Neutralisierung und Auflösung dieser Schwingungen.

Wiederholen Sie diesen Vorgang so oft, bis Sie sich frei und erleichtert fühlen.

Um dann neue, lichtvolle Gedankenformen zu bilden und zu verstärken, nutzen Sie die Affirmationen. Formen Sie immer wieder inspirierende Gedankenformen. Nehmen Sie immer wieder die gleichen, und verfahren Sie so, als würden Sie einer Fee Ihre drei Wünsche sagen.

Formen Sie diese Gedanken immer wieder, bis Sie in Ihrem Lebensraum erkennen, wie sich alles für Sie verändert. Denn Gedankenformen sind Energie und unterliegen der Gesetzmäßigkeit der Erfüllung. Je öfter Sie also einen Gedanken mit Energie nähren, um so schneller werden Sie Ihr Ziel erreichen.

Bei allen Affirmationen, die Sie je in Ihrem Leben formen, sollten Sie sich bewußtmachen: Gehen Sie Stufe um Stufe! Bringen Sie also erst ein Ziel zur Vollendung, bevor Sie das nächste Ziel in Angriff nehmen, dann wieder das nächste und immer so weiter.

So sind Sie im Schwingungsbereich der fraktalen Geometrie, in der Schwingung einer Unendlichkeit. Um diese Öffnung zu erreichen, ist es notwendig, ein Ziel mit Erfolg abzuschließen und dann völlig frei und unbefangen das nächste Ziel anzugehen. Wenn Sie gleichzeitig mehrere Ziele erarbeiten wollen, so verschwenden Sie Energien, die sich zerlaufen und zerteilen.

Das Energiepotential der Selbstheilung ist nur dann erfolgreich, wenn Sie Ihr Ziel konkret auf einen Nenner bringen. Erst den einen Punkt aufzuarbeiten und anschließend den nächsten und immer so weiter – das sollte das Ziel Ihres Lebens sein. Damit erreichen Sie den Erfolg, der Ihnen persönlich in Ihrem Jetzt-Sein zusteht.

Dieser Schlüssel steht hinter allen Affirmationen beim Erkennen, Aufarbeiten und Ausräumen negativer Felder. Positives oder besser „lichtvolles Denken" ist also nicht breitflächig zu sehen, sondern es ist die Bündelung aller Gedankenformen auf *ein* Ziel.

Nicht die Schnelligkeit bringt uns ans Ziel, sondern die Zielstrebigkeit – der Wille, das Ziel in seiner Vollkommenheit zu erreichen. Dazu gehört auch die ständige bewußte Aufnahme und Setzung jedes Wortes beziehungsweise jeder Gedankenform.

Dann werden die von Ihnen geformten Affirmationen für Sie alle Energie freisetzen: in das Gelingen der Erkenntnisse Ihres Aufarbeitens, um das erwünschte Ziel aus Ihrer Vision in das Jetzt-Sein umzusetzen.

4. Stufe: Erkenntnisse umsetzen

Die Selbstheilungskräfte aktivieren Ihre Fähigkeit, sich selbst in Harmonie zu bringen. Sie stellen Ihnen dazu alle Energien des Universums zur Verfügung. Jetzt, nach dem Erkennen und Auflösen der Ursache, sind Sie an der Reihe, die Konsequenzen daraus zu ziehen. Sie müssen handeln!

Dabei gibt es nur zwei Möglichkeiten: Entweder Sie ändern die *Situation*, die zu der Störung Ihres Gleichgewichts geführt hat, oder Sie ändern Ihre eigene *Einstellung*.

Machen Sie sich bewußt, daß es nur diese beiden Wege gibt. Entscheiden Sie sich, und denken Sie dabei immer daran: Wir können jeden Tag neu anfangen.

5. Stufe: Erfolg!

Der Erfolg: Bestätigend für Ihre Selbstheilung ist die tatsächliche Umwandlung. Ihr Umfeld wird Ihre Veränderung bemerken und Sie darauf direkt ansprechen.

Lassen Sie Ihr Licht leuchten, und teilen Sie jedem mit, daß er den Schlüssel zum Glück und zur Selbstheilung selbst in Händen hält: Die eigenen lichtvollen Gedanken „drehen ihn herum" und öffnen die Tür zur inneren Kraftquelle.

Aktiviere Deine Selbstheilung!

Wunder geschehen nicht immer sofort. Doch der größte Meister der Wunder sind wir, wenn wir es selbst vollbringen und zur Tat schreiten!

Arm

Ober- und Unterarm, über das Ellenbogengelenk beweglich miteinander verbunden, stellen uns die Möglichkeit bereit, in den Raum und in das Geschehen um uns herum einzugreifen. Der „Eingriff" als solches geschieht zwar mit Händen und Fingern, der Arm führt jedoch die notwendigen Bewegungen aus, um in der korrekten Richtung, im richtigen Winkel und Abstand alle Gegenstände erreichen zu können.

Körperliche Störungen:

Arthrose/Arthritis	Gelenksverrenkung
Gelenkszerrung	Gicht
(Verstauchung)	Knochenbruch
Muskelriß	Muskelzerrung
Rheuma	Schleimbeutelentzündung

Sehnen-/Bänderriß	Sehnenscheidenentzündung
Tennisellenbogen	Überbein

Zuordnung in den Fußreflexzonen:

Die Reflexzone „Armbereich" beginnt an der Außenkante des Fußes direkt unter dem Grundgelenk des kleinen Zehs. Dort beginnend finden Sie zunächst die Nervenendpunkte von Oberarm, Ellenbogengelenk und Unterarm. Direkt vor dem fühlbaren Ende des Mittelfußknochens liegt dann der Bereich von Hand und Finger, der in dem separaten Kapitel „Hand" erläutert wird.

Unabhängig davon, in welchem körperlichen Teilbereich der Schwerpunkt liegt, wird diese Zone immer vollständig von oben nach unten massiert, das heißt an der Kante unterhalb des Grundgelenks vom kleinen Zeh beginnend bis zum spürbaren Ende des Mittelfußknochens.

Geistig-seelischer Aspekt:

Die Arme stellen in ihrer Balance einen Ausgleich von rechts und links dar und sind in der Lage, „nach den Sternen zu greifen" und „den Himmel auf die Erde zu holen", denn sie sind über das Energiefeld am Ellenbogen in der Lage, Energien des Universums zu kanalisieren und zu transformieren.

Dabei stellt die rechte Seite den nehmenden Teil dar, die linke Seite den gebenden. Im vollkommenen Gleichgewicht stehen die Arme den Händen in ihrer Funktion unterstützend zur Verfügung: Die Arme sind dazu da, die Hände und Finger zu führen, damit sie alles liebevoll ertasten und berühren können.

Checkliste:

Was möchte ich nicht mehr anfassen?

36

Wo stoße ich ständig an?
Wo bin ich rücksichtslos?
Wo setze ich mich nicht durch?

Fallbeispiel:

Ein Patient mit sogenanntem „Tennisarm", der sich nur noch mit
Spritzen behandeln ließ, um zeitweilige Schmerzfreiheit zu erlangen, kam in unsere Praxis. Im Laufe der Massagebehandlungen
konnte er so weit in diesem Bereich loslassen, daß er fähig und
bereit war, seine Gedanken während der Behandlung allmählich
in die Tiefe zu führen.

Er erzählte mir, was er schon alles getan hätte, um dieses chronische Leiden wieder loszuwerden. Ich hörte aufmerksam zu und
fragte ihn, ob er mal überdacht hätte, was er nicht mehr greifen
möchte. Er schaute mich überrascht an: „Was hat diese Frage
denn mit meinem Tennisarm zu tun?"

Ich erklärte ihm, daß wir Energiefelder haben – im und um den
Körper herum. Und ich erklärte ihm, daß man kraft seiner Gedanken Krankheitsbilder auslöst. Er sagte nur, das wäre ihm vollkommen neu, und er wüßte nichts damit anzufangen. Ich bat ihn
nachzudenken und begann mit ihm Wortspiele: „Was möchten
Sie nicht mehr anfassen? Haben Sie eine Tür, die Sie ärgert, weil
sie immer verschlossen ist? Gibt es jemanden, dem Sie nicht die
Hand reichen möchten? Ist es in Ihrem Arbeitsbereich? … " Und
immer wieder gab ich ihm den Impuls, tiefer hineinzuspüren, wo
er sich mit seinen Ellenbogen nicht durchsetzen will.

Er äußerte plötzlich: „Komisch, wissen Sie, was mir jetzt auffällt? Tennis ist mein Lieblingssport. Und doch habe ich jedesmal Wut, bevor ich zum Spiel gehe, denn ich weiß schon voneweg, daß mich mein Tennispartner besiegt und ich ganz selten
zum Zug komme. Diese Wut habe ich zu unterdrücken gelernt,
denn ich bin ja froh, so einen guten Tennispartner zu haben."

In diesem Zusammenhang machte ich ihm bewußt, während ich weiter mit kreisender Druckbewegung die Zone des Armes massierte, welche emotionale Kraft er dabei unterdrückt, in sich aufbaut und im Solarplexus speichert. Er bejahte auch noch meine ausgesprochenen Gedanken, indem er zugab: „Magenschmerzen habe ich auch oft dabei." Ich konnte ihm begreiflich machen, daß sich der Überdruck irgendwo und irgendwann ja mal entladen müsse und gab ihm die Gedankenanregung, ob dies nicht die Ursache für seinen dauerhaften Schmerz im Arm sein könnte. Die Fernwirkung der gespeicherten Aggression über das energetische System war offensichtlich.

Da er nach einigen Behandlungen Vertrauen zu unserer Arbeit fand, konnten wir gemeinsam noch tiefere Gedanken und seelische Aspekte erforschen: Als ich ihn während einer Behandlung fragte, wohin er mit seiner überschüssigen Energie ginge, war seine Antwort recht unwirsch, und er war erschrocken über das, was aus ihm herausbrach: „Die will ja keiner! Ich streichle gerne, berühre gerne, doch wer hat heute noch Zeit dafür … "

Diese Erkenntnisse ergaben, daß seine Thematik bis in die Partnerschaft hineinführte. Ich erklärte ihm, daß man Lebenssituationen jeden Tag, jede Minute und jede Sekunde positiv neu beginnen kann, daß wir kraft unserer Energiefelder und Gedanken in der Lage sind und auch das Recht haben, unser Leben zu verändern.

Mit diesem Selbst-Erkennen konnte er sein Leben neu ordnen, sich durchsetzen und damit den Überdruck auflösen. Er veränderte sein Leben, das ihn heute den Alltag glücklicher und lichtvoller erleben läßt.

Affirmationen:

Jede Beugung meines Armes hat einen Sinn.
Meine Arme strecken sich aus in die Unendlichkeit des Seins.

Ich komme mit meinen Armen in alle Ebenen.
Meine Hände und meine Arme setzen heilende Energien um als
Transformator allen Seins.

Armbereich

In diesem Reflexzonenbereich befinden sich die Nervenendpunkte von Ober- und Unterarm, Hand und Finger. Um Ihnen die Details und Unterschiede in der tieferen Bedeutung anschaulich darzustellen, finden Sie in diesem Buch einen Abschnitt zum Thema „Arm" und einen zusätzlichen Abschnitt zum Thema „Hand".

Auge

In seinem grobstofflichen Aufbau ist unser Augenpaar als Sinnesorgan vollkommen auf seine Aufgabe des optischen Wahrnehmens abgestimmt. Seine Sinnesempfindungen geben uns Informationen und Aufschluß über die Außenwelt: Farbe, Form, Größe, Oberflächeneigenschaften und Entfernung von Objekten.

Körperliche Störungen:

Augenzittern	Bindehautentzündung
Erblindung	Farbenblindheit
Farbenfehlsichtigkeit	Gersten-/Hagelkorn
grauer Star	grüner Star (erhöhter
(Linsentrübung)	Augeninnendruck)

hervortretende/zurück- sinkende Augäpfel	Hornhautentzündung
	Hornhautverkrümmung
Kurzsichtigkeit	Lidentzündung
Netzhautablösung	Schielen
tränende Augen	Tränensackentzündung
Weitsichtigkeit	

Zuordnung in den Fußreflexzonen:

Wie in der Übersichtstafel dargestellt, ist die Fußreflexzone für die Augen unterhalb und vor der zweiten und dritten kleinen Fußzehe an der Fußsohle zu finden.

Die Zone reicht dabei jeweils auch zwischen diese beiden kleinen Fußzehen hinein, wobei Sie sich hier mit flachem Daumen sanft „vortasten" mögen, um die zarte Haut zwischen den Zehen nicht zu verletzen. Hier erreichen Sie reflektorisch den nach hinten führenden Sehnerv.

Geistig-seelischer Aspekt:

Die Augen stehen mit den Gedankenformen „Was will ich nicht sehen, was wollen meine Augen nicht erfassen, vor was verschließe ich meine Augen?" in Verbindung.

Ist man es auch manchmal müde, den vielen Schmutz dieser Welt zu sehen, so ist es dennoch immer wieder lohnenswert, das Negative, das man erblickt, in Positives umzuwandeln: Ich sehe und betrachte alles mit liebevollen Augen!

So ist die einfachste Kommunikation zwischen den Menschen ein lächelndes Augenpaar. Und dieses Lächeln ist der Schlüssel, den Sie herumdrehen können auf dem Weg der Selbstfindung. So kann das sogenannte Dritte Auge sehend werden für ein tieferes Sehen und Wahrnehmen von Schwingungen aus dem Über-Sein. Denn indem Sie die Schöpfung mit dem inneren Auge in sich aufnehmen, wird Ihnen bewußt, daß alles, was wir hier erfühlen und sehen können, ein Geschenk der Schöpfung ist.

Bin ich von einer grobstofflichen Blindheit betroffen, so können meine geistigen Augen innerlich sehend alle Universen in sich aufnehmen. Doch welcher Seelengröße bedarf es, um ein solch schweres Schicksal zu meistern! Deshalb gehört meine Achtung denen, die diese scheinbare „Behinderung" in ihrem grobstofflichen Jetzt-Leben als karmische Herausforderung sich selbst ausgesucht haben.

Machen Sie aus einem weinenden Augenpaar immer ein lachendes! Betrachten Sie Ihr Leben, Ihr Umfeld, Ihr ganzes Sein mit lächelnden Augen!

Checkliste:

Was will ich nicht sehen?
Wovor verschließe ich die Augen?
Wieso will ich mich selbst nicht sehen, nicht erkennen, nicht
    annehmen, nicht wahrnehmen?
Wieso verschließe ich meine Augen – um den Spiegel
    meiner Seele zu verschleiern?
Was verstecke ich in mir?

Fallbeispiel:

Eine ehemalige Patientin, die einen großen Geschäftsbetrieb hat, brachte uns eines Tages eine Angestellte aus ihrem Betrieb. Der Wunsch dieser Angestellten, den Führerschein zu bekommen, scheiterte in der Verwirklichung an ihrem schlechten Augenlicht. Was für eine Herausforderung!

Medizinisch war alles abgeklärt. „Es gibt keinen operablen Befund. Und doch sind meine Augen so schlecht, meine Dioptrin-

Werte so negativ, daß mein sehnlichster Wunsch, Auto fahren zu können, nicht erfüllt werden kann."

Ihre Erwartungshaltung versuchte ich abzuschwächen, denn nur dann ist eine aktive Mitarbeit und ein konsequentes Durchhalten einer Behandlungsserie möglich. Diese Erfahrungswerte bestätigen sich immer wieder in unserer Praxisarbeit.

Nachdem sie ihren Durchhaltewillen beteuerte – schließlich hatte sie einen Anfahrtsweg von mehr als 50 Kilometern zurückzulegen –, begann die Behandlungsserie. Sie mußte jedesmal von ihrem Ehemann gebracht werden, und so, wie sie mir sagte, sei sie immer abhängig von irgendwem oder irgendwas. Und das sei sie leid. Deshalb wolle sie jetzt den Führerschein. Und, liebe Leser, ich zitiere bewußt das Wort „Ich will!" in ihrer Aussage.

Es dauerte einige Behandlungen, bis sie uns mit der Mitteilung überraschte, sie wäre beim Augenarzt zur Kontrolle gewesen. Sie hatte Angst davor gehabt, denn sie hatte gemerkt, daß sie schlechter sehen konnte. Der Arzt teilte ihr jedoch das Gegenteil mit: Er stellte fest, daß ihre vorhandene Brille zu stark war und sie deshalb den Eindruck hatte, schlechter zu sehen. Dieser positive Überraschungseffekt beflügelte sie so in ihrer Motivation, daß sie uns sagte: Jetzt will ich es wissen. Das war der Punkt, ihre Zweifel und Ängste nun gänzlich loszulassen.

Sie konnte nun den ersten Schritt in ihre Eigenständigkeit gehen, indem sie sich nicht mehr von ihrem Mann bringen ließ, sondern öffentliche Verkehrsmittel in Anspruch nahm, da sie nun, wie sie uns erklärte, den Fahrplan besser lesen könne. Das Unbewußte in dieser Änderung ihres Verhaltens, was sie bis dahin noch nicht erkannte, war das Wahrnehmen und Annehmen ihrer eigenen Persönlichkeit. Sie erkannte und sah unbewußt ihr eigenes Erwachsenwerden: den Schritt, das Elternhaus loszulassen und in die Eigenständigkeit, in die Eigenverantwortung zu gehen.

Heute ist sie im Besitz ihres Führerscheins. Ein neuer Mensch, wie sie selber sagt, unabhängig und frei, das Leben klar sehend –

mit einer Brillenstärke, die alles zugelassen hat zu sehen, was sie erreichen wollte.

Affirmationen:

Sehend nehme ich mit liebenden Augen meine Umwelt wahr.
Mir ist bewußt, alles mit Licht und Liebe zu betrachten.
Meinen sehenden Augen sind keine Grenzen gesetzt.
Mit kristallklarem Blick nehmen meine Augen die
    Vollkommenheit der Schöpfung wahr.
Mein inneres Auge zeigt mir die Unendlichkeit.
Ich erfreue mich an allem, was ich erschauen und erkennen darf.

Bauchspeicheldrüse

Dieses längliche Organ liegt im Bauchraum, hinter dem Magen. Es hat zwei Aufgabenbereiche: Die Produktion von Verdauungsenzymen und der Hormone zur Regulierung des Blutzuckerspiegels.

Körperliche Störungen:

Diabetes mellitus (Zuckerkrankheit)	Entzündung akut/chronisch Karzinom

Zuordnung in den Fußreflexzonen:

Jeweils an der Innenseite der Fußsohle finden Sie als Teilgebiet der Darmzone die reflektorische Entsprechung der Bauchspeicheldrüse.

Geistig-seelischer Aspekt:

Symbolisch steht die Bauchspeicheldrüse für die Süße des Lebens und für die Fähigkeit des Verdauens.

Erkunden Sie aus dieser Symbolik für sich selbst die individuelle Bedeutung, sollte die Bauchspeicheldrüse „zufällig" Ihr Problembereich sein. (Zu dieser – scheinbaren – Zufälligkeit sei wiederholt: Jede Krankheit entsteht ursächlich aus der Energieform eines negativen Gedankens!)

Unabhängig davon, in welcher Altersgruppe Sie sich jetzt befinden, werden Sie die damit zusammenhängenden Themenbereiche erfassen können: Wie oft in unserem Erwachsenwerden oder in unserem Leben müssen wir Situationen verdauen, die gegen die Norm gehen – gegen die Norm des Erträglichen oder gegen die selbstgeschaffene Norm der Belastbarkeit. So stellt sich als Herausforderung: Des Lebens Überdruß zu verdauen oder den Entzug, den Verzicht ...

Und so zeigt sich die Verbindung zur Süße des Lebens: nicht gelebte Emotionen, Freuden, Gefühlsintervalle – Emotionen, die wir nicht empfangen können, die sich positiv nicht in uns formen können.

Checkliste:

Was will ich nicht schmecken – die Süße des Lebens?
Was raubt mir die Freude am Leben?
Was nimmt mir den Mut zur Umsetzung?
Was klammert mich an alte Lebensstrukturen?

Fallbeispiel:

Ein 35jähriger Patient erklärte mir, in seinem Arbeitsprozeß hätte er folgende Situation: „Wenn ich in der Diskussion mit meinem

Vorgesetzten stehe, ziehe ich immer den kürzeren. Ich habe dabei das Empfinden, als bekäme ich einen Schlag in die Magengrube. Zuerst war es nur ein Druck. Doch jetzt habe ich das Gefühl, es ist schon ein Faustschlag, der mir in die Magengegend fährt. Ich bekomme keine Luft, ich kann nicht mehr atmen, bekomme einen hochroten Kopf. Ich kann mich nicht mehr wehren. Was mache ich falsch?"

Sein Problem lag oberflächlich betrachtet darin, sich mit Worten und Argumenten zur Wehr setzen zu müssen. Doch seine Hauptproblematik lag tiefer: Er leistete phantastische Arbeit in seinem Aufgabengebiet und war nach seinem Eindruck erfinderisch in der Erfüllung seiner Aufgaben, präzise und sorgfältig, so daß der Verkaufserfolg garantiert war. Seine Ergebnisse legte er seinem Chef vor – ein klassischer Arbeitsablauf.

Und doch bitte ich Sie jetzt, zumal wenn Sie Arbeitgeber sein sollten, beim Lesen einmal darüber nachzudenken, daß der Gebende der Arbeit immer auch eine Erwartungshaltung an den Empfänger richtet.

„Meine Arbeit nimmt mein Chef, legt sie dem Vorstand vor und gibt sie als seine eigene Kreation aus. Er erwähnt dabei nicht, daß ich als sein Mitarbeiter die ganze Arbeit geleistet habe." Dies kränkte ihn sehr, zumal sich diese Situation ständig wiederholte. Hinzu kam noch, daß seine Arbeit seinem Empfinden nach auch finanziell nicht ausreichend honoriert wurde. Er fühlte sich also vollkommen ungerecht behandelt in seinem Arbeitsbereich.

Die Frage, ob er nicht seinen Arbeitsplatz wechseln wolle, lag nahe. Er verneinte sie mir: „Ich bin doch kein Feigling. Lieber halte ich das aus." Und meine Antwort darauf: „Lieber leiden Sie, haben körperliche Schmerzen und lassen Ihre Lebensqualität schwinden…"

Er erzählte mir von den anderen Arbeitskollegen, mit denen er so gut auskomme, von der bequemen Lage des Arbeitsplatzes, den er ohne stressigen Berufsverkehr erreichen könne. Und doch waren alle diese Vorteile nicht ausreichend überzeugend, um das frustrierende Chef-Mitarbeiter-Verhältnis ausgleichen zu können. Die Flucht in eine Krankheit war somit perfekt: der Schmerz, der zwar organisch nicht greifbar und doch vorhanden ist (klassisch als vegetative Dystonie bezeichnet).

Der Mechanismus dieser Symptomatik ist lösbar über die Fuß-reflexzonen: Der Körper kann durch die Aktivierung einer optimalen Durchblutung entspannen, und die Selbstheilungskräfte harmonisieren sich. – Damit konnte sich auch der krampfartige Zustand des jungen Mannes abbauen. Er konnte neue Stabilität und innere Kraft gewinnen, um schließlich im direkten Gespräch mit dem Vorstand eine Klärung zu erwirken. So weiß ich, daß er noch heute glücklich und erfolgreich an diesem beruflichen Einsatzort tätig ist.

Die Wichtigkeit der Lebensfreude, der Süße des Lebens zeigt sich oft aber auch im familiären Bereich:

So überraschte uns eine Schülerin während eines Ausbildungsseminars mit ihrem euphorischen Bericht von der erfolgreichen Anwendung der Fußreflexzonenmassage in ihrer Familie: Der Gesundheitszustand ihres Vaters, der in hohem Grad an Zuckerkrankheit litt, verwandelte sich innerhalb kürzester Zeit in einen so positiven Zustand, daß der behandelnde Arzt die Dosis des verordneten Insulins reduzieren konnte.

Was war geschehen? – Selbstverständlich können wir einen bestehenden Diabetes mit Fußreflexzonenmassage allein nicht vollständig heilen, doch werden die Stoffwechselvorgänge positiv unterstützt. Neben diesem rein körperlichen Aspekt wird im erwähnten Fallbeispiel die tiefere Bedeutung sehr gut sichtbar: Der Vater war verwitwet, und sein einziges Kind, die Tochter, hatte nur wenig Zeit für ihn, da sie beruflich voll eingespannt war. Seine Einsamkeit wurde für ihn unerträglich und nahm ihm alle Süße des Lebens …

Die erfolgte Genesung ist also auf die tägliche Massage und die damit verbundene Zuwendung der Tochter zu ihrem Vater zurückzuführen. Der vereinsamte Vater konnte die um sich selbst kreisenden Gedanken loslassen und sich mehr und mehr entspannen.

Er selbst tat den entscheidenden Schritt in die aktive Selbstheilung: Er erkannte, daß die Tochter die fehlende Ehefrau nicht ersetzen konnte. Gleichzeitig wurde ihm bewußt, daß ihn die Tochter schon immer im Rahmen ihrer Freizeit gerne in ihren Lebensraum miteinbezogen hatte. In der Folge gabe er das egozentrische Verhalten auf, mit dem er seine Umwelt belastet hatte.

Affirmationen:

Mein Leben ist Bestandteil meiner selbst.
Die Süße des Lebens steht mir zu.
Ich belohne mich selbst.
Ich bin mein eigener Meister.
Meine Umwandlungsfähigkeit ist der Schlüssel
    zur Süße des Lebens.
Selbstliebend mache ich mich glücklich.

Beinbereich

In diesem Reflexzonenbereich befinden sich die Nervenendpunkte von Knie, Unterschenkel, Fuß und Zehen. Details und Analysen zum geistig-seelischen Aspekt finden Sie in den Abschnitten „Knie" und „Fuß".

Blase

siehe „Niere, Harnleiter, Blase"

Blut und Blutgefäße

Das Blut setzt sich aus dem flüssigen Blutplasma und den festen Bestandteilen, den Blutkörperchen, zusammen. Es erfüllt Transportfunktionen zu den Körperzellen hin (Sauerstoff, Nährstoffe, Hormone) und auch von ihnen weg zu den Ausscheidungsorganen (Kohlendioxyd, Schlackenstoffe). Es vermittelt zwischen den einzelnen Organen als Informationsträger und -übermittler. Außerdem balanciert das Blut den Säurespiegel, die Körpertemperatur, den osmotischen Druck und die Blutgerinnung. Auch bei der Infektabwehr, Immunisierung und beim Entzündungsgeschehen kommt dem Blut eine wichtige Rolle zu.

Die Blutgefäße stellen die Transportwege des Blutes dar. Man unterscheidet Arterien (transportieren das Blut vom Herzen weg) und Venen (bringen das Blut wieder zurück). Ihr geschlossenes System von Körper- und Lungenkreislauf wird durch die Pumpleistung des Herzens in Funktion gesetzt.

Körperliche Störungen:

Agranulozytose
arterielle Versorgungs-
　störungen
erniedrigter Blutdruck
Gerinnungsstörungen
Krampfadern

Anämie (Blutarmut)
Arteriosklerose
erhöhter Blutdruck
Gefäßentzündungen
Hämophilie
　(Bluterkrankheit)

Leukämie   Polyglobulie
Polyzythämie   Thrombose/Embolie
venöse Entsorgungsstörung   Verschlußkrankheit

Zuordnung in den Fußreflexzonen:

Das Blut hat keine eigene Reflexzone. Da es überall im Körper zu finden ist, reagieren bei Störungen des Blutes erfahrungsgemäß alle Fußreflexzonen mit einer Rötung. Hervorzuheben sind die Organe, die mit der Blutbildung, Reinigung und Entsorgung zu tun haben. Ohne einen Anspruch auf Vollständigkeit zu erheben, gehören dazu bei der Blutbildung vor allem das rote Knochenmark (enthalten zum Beispiel in Brustbein, Rippen, Schädelknochen, Hand- und Fußwurzelknochen, Wirbelknochen und in Teilen der Röhrenknochen) und lymphatische Organe (Thymus, Mandeln, Milz und Lymphknoten). Bei Störungen im Blut können körperliche Ursachen aber auch im Verdauungssystem lokalisiert sein (beispielsweise Leber, Milz, Niere).

Diese Vielfältigkeit verdeutlicht, daß hier eine genaue Diagnostik durch den Arzt oder Heilpraktiker zu erfolgen hat. Über ein genaues Abtasten aller Reflexzonenendpunkte kann begleitend ein Bild erarbeitet werden, das Schwerpunkte zeigt und eine unterstützende Reflexzonenmassage nach Absprache mit dem behandelnden Arzt oder Heilpraktiker möglich macht.

Die Blutgefäße sind ebenfalls im gesamten Körper verteilt, so daß keine eigene Reflexzone dafür bestimmt werden kann. Bei Störungen können auch hier wieder unterschiedlichste Ursachen in Betracht kommen, so daß ebenfalls eine genaue Abklärung notwendig ist.

Wie bei allen Akutfällen sei im Fall einer bekannten Thrombose oder auch bei unklaren Symptomen (beispielsweise heiße, geschwollene Krampfadern) an dieser Stelle nochmals darauf hingewiesen, daß eine Reflexzonenbehandlung zu unterlassen ist, bis der Arzt sein Einverständnis erklärt hat.

Geistig-seelischer Aspekt:

Blut ist Leben und Lebensfreude, die über die Blutgefäße im optimalen Druckverhältnis des Kreislaufsystems in alle Bereiche fließt. Körperliche Störungen in diesem Bereich haben ihre Ursache in ungelösten Gefühlskonflikten, die die Lebensfreude rauben und aufzehren. Das kann so weit gehen, daß jeglicher Lebenswille erlischt und der Körper eine Krankheit produziert, die bis an oder gar über die Grenze der Belastbarkeit führen kann.

Fehlende Lebensfreude, ein Mangel an Liebe und Geliebtwerden, Desinteresse am Zeitgeschehen, zerstörerische Selbstzweifel, Drogen- und Suchtverhalten sind fehlgesteuerte Gedankenformen, die hier negativ wirken. Die Umwandlung erfolgt über die Erkenntnis, daß nur jeder sich selbst glücklich machen kann. Sobald Sie sagen: „Ja, ich will leben!", übernehmen Sie selbst wieder die Verantwortung für Ihr Sein und kehren zurück ins Leben, in die Einheit von Körper, Geist und Seele.

Checkliste:

Wo und von wem lasse ich mir meine Lebensfreude nehmen?
Welche unterdrückte Emotion blockiert meinen Lebensfluß?
Vor welcher Situation flüchte ich aus dem Leben?
Wieso leide ich unter dem Gefühl fehlender Liebe?
Wo weigere ich mich, mit dem Fluß des Lebens zu gehen?

Fallbeispiel:

Ein Patient, der bereits etliche Grenzsituationen auf seinem Weg durchs Leben erfahren hatte, stand beruflich vor der Entscheidung, den aufgebauten Betrieb an die nachfolgende Generation zu übergeben. Mit allen Überlegungen, die er in diesem Zusammenhang anstellte, kamen ihm immer wieder Situationen aus der Vergangenheit ins Bewußtsein – Gedankenformen, die noch nicht ganz aufgearbeitet und gelöst waren, wurden wieder aktiv und belasteten zusätzlich das Gemüt. Immer wieder stellte er sich die Fragen: Wem übergebe ich die Verantwortung? Ist es die richtige Entscheidung? Überlaste ich meine Nachfolger nicht mit dieser Aufgabe? Ist es der richtige Zeitpunkt?

Viele Monate lang ging er, wie der Volksmund sagen würde, mit dieser Fragestellung „schwanger". Die Last auf seiner Seele beanspruchte seine ganze Energie, denn er konnte sich nicht entscheiden. Der Druck wuchs immer mehr an. Er wurde so stark, daß er ihm aufs Herz und die Atemwege drückte, die schließlich ihre körperliche Funktion und Leistungsbereitschaft reduzierten. Ohne daß er es bewußt merkte, rutschte er immer tiefer in eine Trägheit, die schon an narkotische Zustände erinnerte. Tatsächlich stieg der Kohlendioxydgehalt in seinem Blut durch seine extrem eingeschränkte Atmung immer weiter an.

Um die Schilderung abzukürzen: Lange hatte er sich allen Hilfsangeboten von außen verweigert. Als seine Blutwerte vergiftungsähnliche Entgleisungen erreichten, mußte er schließlich als Notfallpatient im Krankenhaus behandelt werden.

Mit zunehmender Besserung seines körperlichen Zustands wuchs langsam die Bereitschaft, über sich nachzudenken und alternative Wege einzuschlagen. Vielen alten „Seelenmüll" mußte er aufarbeiten. Seine Selbstheilung aktivierte er schließlich über seine starke Geisteskraft: Klar denkend entschied er sich fürs Leben, führte diszipliniert seine Atemübungen durch und begann, mit seinen Einstellungen und Erwartungen „aufzuräumen". Inneren Frieden fand er letztendlich darin, den Betrieb in einer Übergangsphase ganz offiziell gemeinsam mit seinen Kindern zu leiten.

Affirmationen:

Ich freue mich meines Lebens.
Ich bringe meine Lebensfreude zum Ausdruck.
Ich liebe mich und meine Umwelt.
Ich verzeihe mir, den anderen und der Situation, und bin frei.
Ich begrüße jeden neuen Tag und jeden Schritt ins Leben.

Bronchien

siehe „Lunge und Bronchien"

Brust

Die äußere Erscheinung der Brust ist bis zum Einsetzen der Pubertät bei Mädchen und Jungen gleich. Erst die dann einsetzende spezielle Entwicklung der weiblichen Brust läßt äußerliche Unterschiede deutlich werden: Die Milchdrüsen werden ausgebildet, um dann als Mutter den Säugling ernähren zu können.

Unabhängig davon fließt generell im Inneren des Brustraums die gesamte Lymphflüssigkeit des Körpers in Sammelgefäßen zusammen, um dann in den beiden Venenwinkeln am Schlüsselbein ins Blutsystem zu münden.

Körperliche Störungen:

Entzündung	Karzinom
Stauung	

Zuordnung in den Fußreflexzonen:

Die Brust ist in die Fußreflexzone „Brustbereich" eingegliedert. Diese liegt auf dem Fußrücken, direkt vor den Zehen, und zwar in den Zwischenräumen der Mittelfußknochen und der darüber laufenden Sehnen und Bänder. Beim Abtasten und Massieren dieser Reflexzone wird in mehreren, nebeneinanderliegenden Bahnen immer in Richtung Fußknöchel gearbeitet. Die Bahnen werden dabei innen am Zwischenraum nach der großen Fußzehe begonnen und dann nach außen nebeneinander fortgesetzt. Es wird immer die gesamte Reflexzone „Brustbereich" massiert.

Geistig-seelischer Aspekt:

Der Brustbereich ist eine Zusammenführung von mehreren Strömungen und Intervallen des Körpers. Da die Lymphe generell ein Mittler der Gefühls- und Zärtlichkeitsregungen ist, liegt es nahe, daß die Brust als Gefühlsträger besonders hervorzuheben ist. Die Brust steht in direkter Wechselwirkung zum natürlichen Gleichgewicht der Gefühlsebenen: Gefühle ausdrücken und empfangen, bemuttern und umsorgt werden, nähren und genährt werden.

Schwere Krankheitsbilder in diesem Bereich entstehen aus oft jahrzehntelangen Blockierungen der Gefühlsebenen in einer Partnerschaft, die schließlich bis zu bösartigen Gewebsveränderungen führen können: Gefühle, Bedürfnisse und Zärtlichkeiten werden unterdrückt, verurteilt und aus dem Leben verdrängt.

Doch die Schöpfung hat uns damit geboren: Sie gab uns diesen Körper und hat uns alle Gefühlsebenen geschenkt, damit wir sie für uns selbst nutzen! Demgegenüber bietet ein Verhalten und Denken, das den harmonischen Fluß der Schöpfung unterbindet und die Kräfte und Gefühle der Natur unterdrückt, solch schweren Krankheitsbildern wie dem Krebs eine Angriffsfläche.

53

Die Schlußfolgerung daraus ist, daß Krebszellen bereits durch falsches Denken entstehen. – Haben wir das nötig? Müssen wir uns selbst bestrafen? Ist es uns denn nicht bewußt: Die Schöpfung liebt uns – sie straft uns nicht. Nur der Mensch selbst glaubt, mit sich Richter sein zu müssen.

Aus diesen Erkenntnissen heraus bestätigt sich die These: Krebs ist heilbar. Dazu ist es notwendig, die Selbstheilungskräfte des Geistes lichtvoll zu aktivieren. Viele Menschen, die ihren Krebs besiegt haben, können Ihnen bestätigen, daß der Auslöser zur Heilung und zur Gesundung die lichtvolle Seite des Lebens ist: ein Leben, das den eigenen Gefühlen Raum und Zeit schenkt.

Checkliste:

Welche falschen Nattern (Gedankenformen) nähre ich
   an meiner Brust?
Sind meine Gefühlsregungen für mich tabu?
Bin ich nur noch Funktion?
Wo fühle ich körperlichen Entzug an Zärtlichkeiten,
   an Gefühlsregungen?
Habe ich meine persönliche Freiheit?
Habe ich die liebende Ausgleichsmöglichkeit
   in meiner Partnerschaft?
Habe ich Verständnis für mich in meinem Sein?

Fallbeispiel:

Vor wenigen Monaten bekamen wir eine Patientin zur Nachbehandlung einer Brustkrebsoperation. Zuerst waren es nur ganz kleine Knötchen in ihrer Brust, die sie beim Waschen bemerkt hatte und die von ihrem Arzt als Lymphstau identifiziert wurden. Dies wäre leicht zu beheben gewesen. Aber im Fall dieser Patientin kam es zu weiteren Verhärtungen im Brustbereich. Und eine davon wurde immer größer, bis sie schließlich operiert werden mußte ... Was war geschehen? Worin lag die tiefere Ursache ihrer Krankheit? Wie konnte es zu einem Brustkrebs kommen?

Es folgten viele Massagebehandlungen und Gespräche. Darin zeigte sich mir, daß sie selbst kraft ihrer Gedanken die Ursache ihres Brustkrebses war: fehlende Streicheleinheiten, Liebesentzug, Unverständnis in einer zerrissenen Ehe.

Langsam führte ich sie an ihre Problematik heran, bis ich sie schließlich direkt ansprach, ob sie im Liebesspiel ihre Befriedigung finden würde. Sie zeigte sich erschrocken über meine intime Frage und erwiderte: „Was hat das mit Brustkrebs zu tun?" Ihre Augen wichen mir aus. Und ihre Antwort war: „Wer ist denn heutzutage schon zufrieden?"

Ich ließ sie aus dem Gespräch nicht fliehen. Meine nächste Frage war: „Wie oft haben Sie Sehnsucht nach Liebesberührungen an Ihrer Brustwarze, die für eine Gefühlsempfindung stimulierbar ist?" Ihre Antwort war: „Ach, wissen Sie, zum Streicheln hat mein Mann keine Zeit."

Ich wollte das Gespräch nicht in eine Partnerschaftsberatung ausarten lassen, dennoch veranlaßte ich sie zum weiteren Nachdenken über sich selbst und ihre körpereigenen Zärtlichkeitsempfindungen. Sie gab zu: „Ja, eigentlich haben Sie recht. Wie oft denke ich: Er könnte sich ja mehr Zeit nehmen für diese erogene Zone. Doch ich traue mich nicht, es ihm zu sagen."

Plötzlich wurde es ihr bewußt, und sie sagte in etwas aggressivem Tonfall zu mir: „Sie glauben doch nicht etwa, daß diese fehlende Liebesberührung, nach der ich mich sicherlich viel zu oft sehne, eine Krebsgeschwulst ausgelöst haben kann? Ich könnte ja nicht einmal mit meinem Mann darüber reden. Der würde dann noch behaupten: ‚Jetzt sag nur noch, *ich* bin an deinem Brustkrebs schuld!' Ganz bestimmt sogar!"

Wir führten einen Wortdialog über die Beziehung zu ihrem Partner. Zum Schluß gestand sie: „Eigentlich könnte da etwas

Wahres dran sein. Es ist mir eine gute Hilfe, was ich jetzt erkannt habe auf meiner Suche danach, wieso ich Krebs hatte."

Durch die sorgsame Nachbehandlung mit Lymphdrainage und Fußreflexzonenmassage, um das Brustgewebe nach der Strahlenbehandlung wieder positiv aufzubauen, stabilisierte sich ihr Zustand. So konnte auch der operative Brustaufbau ohne schmerzhaften Zustand im Narbengewebe vollzogen werden.

Nach all diesen Erlebnissen begann sie damit, die Verkrampfungen zu lösen, die ihr der Krebs so deutlich vor Augen geführt hatte. Wie sie mir später bestätigte, konnte sie durch ein Aufarbeiten und mit Hilfe vieler Gespräche in ihrer Partnerschaft die Weichen in ihrem Leben wieder positiv stellen. Ihr wurde auch bewußt: Hätte sie früher den Mut gehabt, ihre Partnerschaft zu analysieren und wieder neu zu aktivieren, hätte sie die Erfahrung dieser Krankheit mit Sicherheit nicht durchleben müssen.

Unzählige Beispiele von nicht ausgesprochenen Gedanken und Gefühlen ganz besonders in diesem Körperbereich könnten wir Ihnen aufzählen. Sicherlich sind es auf unserem karmischen Weg Reifeprozesse des Erkennens. – Doch manche Tragödie wäre zu vermeiden, wenn man sich früher zugestehen würde, daß negative Gedankenformen positiv umzuwandeln sind.

Diese Fehlsteuerung ist natürlich nicht nur bei Frauen vorhanden. Praxiserfahrungen zeigen, daß oft auch der Mann unfähig ist, im Liebesakt darauf hinzuweisen, daß seine Brustwarze ebenfalls im Stimulierungsbereich liegt. Diese nicht erfüllte Erwartungshaltung zeigte sich sogar als Ursache für manche Potenzstörung, da sie als innere Verkrampfung eine sexuelle Erregung verhinderte. Oft ist es bei Männern auch Unwissenheit, und die Signale einer Gänsehaut, die ihnen der Körper im Brustwarzenbereich bereitet, werden damit abgetan, daß diese Zone ja nur für Frauen vorhanden sei.

Falsches Denken …!

Affirmationen:

Ich erkenne meine Freiheit als Weg zu meinem Gesundsein.
In mir ist der Fluß des Lebens und ich bin eins mit der Natur.
Die Sonnenenergie wärmt meine Gefühlsebenen.
Ich schenke meinen Gefühlen Ausdruck.

Brustbereich

Die Reflexzone „Brustbereich" hat folgende Zuordnungen im Körper: den gesamten lymphatischen Bereich im Brustraum und die Brust selbst mit Brustdrüsen und Brustwarze.

Innerhalb dieses Bereichs, und zwar schwerpunktmäßig an der Vertiefung zwischen Großzehe und der nächsten Zehe (in den Abbildungen auf den Seiten 208–211 gestrichelt eingezeichnet), sind außerdem auch das Brustbein, die Rippenbögen sowie Kehlkopf, Luft- und Speiseröhre zu finden.

Die jeweilige Bedeutung finden Sie außer im Abschnitt „Brust" auch in folgenden Abschnitten: Kehlkopf, Luftröhre und Rippenbögen werden thematisch der Zone „Lunge und Bronchien" zugeordnet, die Speiseröhre der Zone „Magen".

Darm

Die von außen zugeführte Nahrung kann der Körper nach entsprechender Vorbereitung durch mechanische und chemische Vorgänge für seinen eigenen Stoffwechsel verwerten. Die einzelnen Nahrungsbestandteile werden aufgenommen, Rest- und Abfallprodukte wieder ausgeschieden.

Körperliche Störungen:

Analerkrankungen	Appendizitis
Colitis ulcerosa	(Blinddarmentzündung)
Darmverschluß	Divertikulose/Divertikulitis
Durchfall	Enteritis, Enterocolitis
Geschwür	(Darmentzündung)
Hämorrhoiden	infektiöse Erkrankungen
Kotsteine	Malabsorption
Meteorismus, Flatulenzen	Morbus Crohn
(Blähungen)	Parasiten
Pilze	Polypen
Reizdarm	Sprue/Zöliakie
Tumore	Verstopfung

Zuordnung in den Fußreflexzonen:

Der Darm ist Teil der Reflexzone „Darmzone". Diese beginnt an der äußeren, rechten Fußsohle, direkt vor dem Fersenballen. Mit dem in der Übersichtstafel dargestellten Verlauf entspricht sie dem Verlauf des Dickdarms.

Die von dieser Form eingeschlossene Fläche ist dem Dünndarm zugeordnet. Zusätzlich sind an der inneren Fußkante der dargestellten Darmzone speziell der Zwölffingerdarm und die Bauchspeicheldrüse (siehe auch Kapitel „Bauchspeicheldrüse") zu greifen. Auch bei spezifischen Schwerpunkten wird die Darmzone immer in ihrer Gesamtheit abgetastet und massiert.

Störfelder am Anfang der Darmzone bieten Hinweise auf eine eventuelle Erkrankung des Blinddarms, Störfelder am Ende der Darmzone weisen häufig auf innere Hämorrhoiden hin.

Geistig-seelischer Aspekt:

Der Darm in seinem Funktionsmechanismus hat die wichtige Aufgabe, die zugeführte Nahrung aufzunehmen, zu verarbeiten und die Abfallprodukte auszuscheiden. Dies kann auch direkt auf den geistig-seelischen Aspekt übertragen werden: Welche Gedankenformen nehme ich in mich hinein? Wieviel Zeit lasse ich mir dazu, das Gedankengut zu verarbeiten oder zu verdauen? Wo bin ich bereit, es aufzunehmen, es umzusetzen und wieder loszulassen?

Ungelöste Emotionen, die mit den aufgenommenen Gedankenformen verknüpft sind, behindern das Loslassen dieser energetischen Strukturen und haben eine belastende Wirkung auf den Darm. So stellte sich beispielsweise bei einer Analyse der Patienten, die an Hämorrhoiden litten, immer wieder heraus, daß ungelöste Wut über vergangene Situationen die tiefere Ursache ihrer körperlichen Störung war.

Checkliste:

Was verdaue ich nicht?
Was halte ich krampfhaft fest?
Was will ich gar nicht in mich aufnehmen,
    nicht bei mir behalten?
Wo halten mich unterdrückte Emotionen
    in alten Situationen fest?

Fallbeispiel:

Der Darm in seinen Krankheitsbildern ist so facettenreich, daß wir Ihnen allein hier beinahe ein Drittel unserer Patientenfälle schildern könnten: Verstopfung, Durchfall, Kotsteine, Pilzbefall, Wurmbefall, Tumore, Zwölffingerdarmgeschwüre, Blähungen,

Hämorrhoiden und vieles andere mehr. Welche Belastungen muten wir also unserem Verdauungstrakt zu? Die Hauptursache für grobstoffliche Störungen ist unkontrolliertes Essen. Der Darm ist dann übervoll, die Folgen sind Blähungen, Völlegefühle, Abführprobleme ...

So hatten wir einen Patienten, der unter chronischer Verstopfung litt. Es stellte sich heraus, daß Kotsteine die Darmpassage behinderten. Die Rezeptur eines auf Darmprobleme spezialisierten Arztes und die Unterstützung durch die Akupressur halfen ihm, seinen Heilprozeß baldigst abschließen zu können und allen alten Ballast auszuräumen.

Die Wirkung äußerer Erlebnisse auf den Darm wird sehr deutlich an der möglichen Reaktion des Körpers auf eine Schocksituation: Sie kann zu einem sofortigen Durchfall führen! Die Situation, die man hört, erlebt oder wahrnimmt, löst über unser vegetatives Nervensystem einen unwillkürlichen Mechanismus aus, so daß die Reaktion nicht mehr willentlich gesteuert werden kann.

Doch wie oft werden Situationen und damit verbundene Emotionen lange Zeit geistig festgehalten, werden nicht verarbeitet oder verdaut. Dies gilt insbesondere, wenn Schuldzuweisungen, die zu Unrecht bestehen, die Gedanken belasten. Ein Beispiel: Ein Patient wurde von einem Arbeitskollegen beschuldigt, er hätte ein hergestelltes Produkt aus dem Betrieb entwendet. Die geäußerten Gedanken und Worte, die regelrecht als Anklage formuliert waren, hätten fast zu seiner Entlassung geführt. Bis er den Beweis seiner Unschuld erbringen konnte, vergingen mehrere Wochen. In diesem Zeitraum litt er unter einer absolut schmerzhaften Verstopfung: Er konnte es nicht verdauen, daß ihn der Arbeitskollege verleumdet hatte. Erst nachdem er bewiesen hatte, das Produkt nicht entwendet zu haben, konnte er nach und nach über Gespräche und Massagebehandlungen seine bis dahin unverdauten Gedanken loslassen.

60

Selbstverständlich sind dies Lebenssituationen, karmische Vorgänge oder schicksalhafte Zuspitzungen, die alltäglich sind. Aber die Wechselwirkungen führen leider immer wieder zu Krankheitsbildern im Verdauungstrakt, in den schlimmsten Fällen zu krebsartigen Geschwulsten.

Wenn man weiß und erkennt, daß man ungerecht behandelt wird, ist die folgende Fragestellung ein sehr hilfreicher Schlüssel: Haben wir es nötig, uns von solchen Gedankenformen in körperliche Krankheiten zwingen zu lassen?

Sicher weiß ich auch, wie schwer der gesellschaftliche Druck auf uns lasten kann. Doch nutzen Sie Ihre innere Stabilität und Sicherheit, um solche und andere Schuldzuweisungen nicht in sich wüten zu lassen. Machen Sie sich bewußt, daß eine Bestrafung und eine Wertung immer nur aus dem Intellekt eines anderen Individuums entsteht.

Ein ganz anderes Beispiel: Irgendwann im Leben sind wir alle mal verliebt. Vor lauter Aufregung können wir weder körperliche noch geistige Nahrung aufnehmen. Wir leben nur noch in einem Vakuum, in einem rosa Wölkchen oder haben die rosarote Brille auf. Nichts kann uns mehr erschüttern oder erreichen. Wir fühlen uns nur noch verliebt und gut. Diesen paradiesischen Zustand wünsche wir Ihnen allen und täglich und immerdar, denn es gibt keinen stärkeren Heilungsprozeß als die Liebe.

Affirmationen:

Ausgeglichen ist mein Leben.
Ich bin frei von krampfartigem Festhalten.
Liebe ist Loslassen in allen Situationen.
Ich gebe alles gelassen freiwillig hin.
Ich bin frei, gereinigt in allen Lebenslagen.
Ich bin frei von allen Giftstoffen des Lebens und der Umwelt.

Darmzone

Die Darmzone ist eine Zusammenfassung der Reflexzonen von Dickdarm, Zwölffingerdarm, Bauchspeicheldrüse und Dünndarm. Sie wird immer in ihrer Gesamtheit abgetastet und massiert, wie auch im Abschnitt „Darm" beschrieben. Zusätzliche Informationen finden Sie im Abschnitt „Bauchspeicheldrüse".

Eierstöcke und Eileiter

Eierstöcke und Eileiter zählen zu den inneren weiblichen Geschlechtsorganen und befinden sich jeweils paarig links und rechts der Gebärmutter im Unterleib. Die Eierstöcke sind wichtig für das Hormongeschehen (Progesteron, Östrogen) und haben die Aufgabe, die Eizellen auszureifen. Diese werden beim Eisprung vom Eileiter aufgefangen und zur Gebärmutter weitertransportiert.

Körperliche Störungen:

Eileiterschwangerschaft	Entzündung
Funktionsstörungen	Verwachsungen/
Zyste	Verklebungen

Zuordnung in den Fußreflexzonen:

Die zugehörige Fußreflexzone ist jeweils unterhalb des Außenknöchels zu finden. Beim Abtasten und Massieren wird dabei immer unten angesetzt und dann in Richtung Knöchel in mehreren, nebeneinanderliegenden Bahnen gearbeitet.

Geistig-seelischer Aspekt:

Eierstöcke und Eileiter sind zentrale Organbereiche der Weiblichkeit. So wirken sich auch alle Thematiken und Problematiken mit dem Frau-Sein auf diese Bereiche aus. Es besteht eine direkte Verbindung zum Energiefeld des Wurzelchakras, das als Zentrum der Sexual- und Lebensenergie den ganzen Unterleib umfaßt.

Checkliste:

Welche Gedankenformen hinterlassen in meinem
  Unterleibsbereich krampfartige Zustände?
Welche Lebenssituation muß ich noch meistern?
Welchen Partnerschaftskonflikt muß ich bereinigen?
Welcher nicht gelebte Liebesakt hält mich gefangen?
Wer nimmt mir die Lebensenergie aus meinem Schoß?

Fallbeispiel:

Für jede Frau eröffnet sich nach Abschluß der Pubertät die Möglichkeit, Mutter zu werden, um das Wunder der Menschwerdung in der Zweisamkeit mit dem männlichen Gegenpol zu erfahren.

Die schönsten Beispiele, die wir hier aus unserer Praxisarbeit berichten können, erzählen dann auch von den Babys, die lange Zeit vergeblich von den Eltern erwünscht wurden und deren Werdegang wir schließlich mitverfolgen konnten: Die Akupressur stabilisiert eine gute Durchblutung, und der Eisprung normalisiert sich, so daß der Körper ideal für eine Empfängnis vorbereitet ist. Gleichzeitig geschieht in der Behandlung beider zukünftiger Elternteile ein Loslassen jeglicher Verkrampfung, jetzt ein Kind erzwingen zu wollen. Dazu ist oft ein Aufarbeiten alter Wunden notwendig, bis die innere Bereitschaft und das Vertrauen in die Natur vollkommen (wieder-)hergestellt sind. Doch wenn es vorgesehen ist, erfüllt sich schließlich der Kinderwunsch. Die glücklich strahlenden Augen der Mütter und Väter sind für uns dann immer wieder der schönste Dank dafür, diese Heilmethode praktizieren zu können.

Der geistig-seelische Schmerz, der seine Spuren in diesen Zonen der Weiblichkeit hinterläßt, ist jedoch teilweise so gravierend, daß er zum Beispiel bei Vergewaltigungen bis zur Rückbildung der Eierstöcke führen kann. Das bedeutet einen Stillstand aller normalen Vorgänge im weiblichen Zyklus und Hormonhaushalt. Körperlich ist eine extreme Minderdurchblutung in der Schock-situation verursacht worden, die sich erfahrungsgemäß krampfar-tig an beiden Eierstöcken und Eileitern über Jahre hinweg mani-festiert. Der starke Affekt in diesem nicht gewollten Akt und die erlittene Brutalität verursachen zusätzlich auch geistig-seelisch einen absoluten Stillstand.

So mußte ich erleben, daß der im Inzest gewalttätig an ihr durchgeführte Akt eine Patientin, die nicht verzeihen wollte und konnte, sie bis an ihr Lebensende begleitete. Es manifestierten sich auf körperlicher Ebene schließlich Unterleibskrebs bezie-hungsweise davon gestreute Krebsgeschwulste. – Der Mechanis-mus dieser Situation ist psychosomatisch sicherlich eindeutig zu erklären. Doch ist das Schicksal, Karma?

Bedenken Sie den Rat: In der Natur liegt die Kraft der Hei-lung. Lassen Sie Ihrer Seele Flügel wachsen, Ihren Geist rezeptiv aufnehmen!

Wüten Sie nicht weiter in der von Ihnen als solche empfun-denen Bestrafung des Lebens, sondern betrachten Sie einmal für sich in der Stille den Weg des Verzeihens, des Aufarbeitens einer Lebenssituation.

Die Natur läßt uns alle Heilung zukommen. Wir müssen sie nur erkennen und annehmen, wirken lassen, und an das Licht unseres Lebens glauben.

Selbstverständlich ist dies ein langer Weg, seelisch, geistig und körperlich nach solch einer traumatischen Erfahrung wieder sein optimales Gesundsein zu erreichen. Doch stehen Sie mit Ihrer psychosomatischen Belastung nicht alleine da: Die Institutionen, die Ihnen unsere Gesellschaft heute anbietet, sind Frauenhäuser, sozialpädagogisch eingerichtete Beratungsstellen, psychosomatische Kliniken sowie Selbsthilfegruppen. – Sie müssen sich also nicht in Isolation und Einsamkeit flüchten, um mit solchen Zuständen alleine fertig zu werden. Nutzen Sie die Offenheit unserer Gesellschaftsform, denn Sie müssen aus solchen Situationen heraus keinerlei Leidensweg in die Krankheit freiwillig auf sich nehmen: „Wo ein Wille ist, ist auch ein Weg!"

Denn selbst bei operativen Eingriffen oder groben körperlichen Verletzungen bleibt im geistig-seelischen Aspekt immer alles in einer Ganzheit. Sie können dieses Bewußtsein über die Energiefelder, über die Chakren aktivieren, so daß Sie selbst die innere Harmonie auch bei extremen grobstofflichen Herausforderungen wiederfinden. Dies ist die Rückkopplung an das Wort „Hoffnung" – Hoffnung auf ein immer wiederkehrendes neues Leben.

Affirmationen:

Ich lebe und fühle die Wärme meines Wurzelchakras.
Ich habe eine erfüllte Lebensenergie.
Ich bin völlig in Harmonie in meiner Partnerschaft.
Ich bin frei in meiner Liebesfähigkeit.
Ich bin frei in meinem Sex.
Ich transformiere meine Lebensenergie aus meinem Schoß
    in Körper, Geist und Seele.
Ich lasse meine Lebensenergie in alle Bereiche
    meines Seins einfließen.
Ich lebe in Harmonie mit der Natur.

Finger

siehe „Hand"

Fuß

Der Fuß ermöglicht es dem Körper, aufrecht stehen zu können, und vermittelt den zur Fortbewegung notwendigen Bodenkontakt. Elastisches Abrollen beim Gehen, kraftvolles Springen und stabiler Halt werden gewährleistet durch das Zusammenspiel zahlreicher Knochen, Bänder und Muskeln.

Körperliche Störungen:

Arthrose/Arthritis	Gelenksverrenkung
Gelenkszerrung (Verstauchung)	Gicht
	Hornhaut
Hühnerauge	Knochenbruch
Muskelriß	Muskelzerrung
Mykose (Fußpilz)	Rheuma
Schleimbeutelentzündung	Sehnen-/Bänderriß
Sehnenscheidenentzündung	Überbein
Warzen	

Zuordnung in den Fußreflexzonen:

Der Fuß ist in der Reflexzone „Beinbereich" zu finden. Diese beginnt direkt nach dem fühlbaren Ende des Mittelfußknochens und reicht bis zum Fersenknochen. In dieser Richtung, das heißt vom Mittelfuß zur Ferse hin, wird diese Zone auch abgetastet und massiert. So spricht man direkt unterhalb des Mittelfußknochens zunächst das Knie an und geht dann reflektorisch über den Unterschenkel bis zum Fuß. Der Abschnitt dieser Reflexzone, über den der Fuß der anderen Körperseite angesprochen werden kann, liegt also kurz vor dem Fersenknochen. – Auch wenn die Störung innerhalb dieser Zone ihren Schwerpunkt beispielsweise im Fußbereich hat, wird immer die gesamte Reflexzone massiert.

Geistig-seelischer Aspekt:

Die Füße stellen die Erdgebundenheit des Menschen dar. Das bedeutet, nicht abzuheben, sondern immer den Boden unter den Füßen zu behalten. Die Füße ermöglichen die Fortbewegung – es sei denn, es sind ihnen Fußfesseln angelegt. Es kommt aber auch vor, daß einem manchmal der Boden unter den Füßen weggezogen wird ... In diese Interpretation wird auch der Anteil des Unterschenkels einbezogen, der in das Fußgelenk eingebunden ist. Wenn sich also jemand sprichwörtlich „die Haxen bricht", hatte er sicherlich den Boden unter den Füßen verloren.

Checkliste:

Wo habe ich mit meinen Füßen auf Sand gebaut?
Wo habe ich den Boden unter meinen Füßen verloren?
Wer raubt mir meine Daseinsberechtigung?
Wer will mich festhalten in meiner Fortbewegung, in meiner Weiterentwicklung?
Welches Glück trete ich mit Füßen?

Fallbeispiel:

„Bis zum Bauch kenne ich mich aus. Aber das, was darunterliegt, interessiert mich nicht!" Viel zu oft hören wir in unserer Praxis diese Aussage. Und leider zeitigt manchmal die Verweigerung der geistigen Fortentwicklung und Erweiterung der Erkenntnisse schwere Prüfungen, wie folgendes Beispiel veranschaulicht:

Ein Mann hatte zeitlebens mit immer neuen körperlichen Leiden und Krankheiten zu kämpfen. So kam er eines Tages zu uns in Behandlung. Doch er weigerte sich strikt, seine Situationen und Herausforderungen zu überdenken: Immer waren es die anderen, immer lag die Schuld im Außen.

So kam er, wenn es wieder einmal ganz schlimm war, zu einer Serie von Fußreflexzonenmassagen, um seinen Körper in seiner Wiederherstellung zu unterstützen. Doch ging er darüber nicht hinaus, seine Symptomatiken auch geistig umzusetzen in ein Erkennen.

Zuletzt knickte er an einer Bordsteinkante um und brach sich so unglücklich den Fuß, daß dieser inzwischen nach mehreren Operationen versteift werden mußte. Stolperte er über seine eigenen Fußfesseln? Wir haben kein Recht zu werten und stehen ihm in All-Liebe jederzeit zur Verfügung, den nächsten Erkenntnisschritt zu tun...

Affirmationen:

Ich stehe mit meinen Füßen auf einem festen Fundament.
Ich setze bewußt jeden Fuß, jeden Schritt
    auf dem Weg des Lichts.
Meine Füße verbinden mich mit der Energie von Mutter Erde.
Ich bin frei in meinem Sein.

Gallenblase

Wie ein Vorratsbehälter sammelt die Gallenblase, die an der Unterseite der Leber im rechten Bauchraum liegt, die von der Leber gebildete Gallenflüssigkeit. Bei Bedarf gibt sie diese dann zur Unterstützung der Verdauungsvorgänge über den Ausführungsgang in den Darm ab.

Körperliche Störungen:

Dyskinesie (motorische
    Fehlfunktion)
Krämpfe/Koliken
Tumore

Entzündung
Grieß- und Steinbildung
Stauung
Verschlußikterus

Zuordnung in den Fußreflexzonen:

Innerhalb der der Leber zugeordneten Reflexzone am rechten Fuß befindet sich auch der Nervenendpunkt für die Gallenblase (siehe Kapitel „Leber"). Bei akuten Befundfällen im Leberbereich, wenn also die gesamte Zone mit einer Dunkelfärbung auf das Abtasten reagiert, kann zusätzlich über den Gallenblasen-Kontrollpunkt getestet werden, ob diese angezeigte Störung in der Gallenblase ihr Zentrum hat. Dieser Kontrollpunkt befindet sich am rechten Fußrücken und reagiert dann ebenfalls mit einer Verfärbung.

Geistig-seelischer Aspekt:

Wut und Aggression hinterlassen oft den gleichen gallebitteren Geschmack, der einem aus diesem Organbereich übel aufstößt. So sammeln sich hier alle aufgestaute Wut und Aggression, Neid und Haß auf Mitmenschen oder auch auf Lebenssituationen, wenn sie als eine gallenbittere Erfahrung bewertet werden.

Checkliste:

Wer oder was stößt mir gallebitter auf?
Stauen sich in mir Wut und Aggression?
Wieso fühle ich in mir Wut, Haß und Neid?

Fallbeispiel:

Großes Staunen verursachte die Gallen-Operation einer Frau: 37 Gallensteine, davon einer so groß wie ein Taubenei. Es stellte sich heraus, daß für diese Steinbildung der übermäßige Genuß von Tomaten verantwortlich war. Diese ihre zu oft und zu schnell verzehrten Lieblingsfrüchte konnte sie nicht mehr verdauen. Als zusätzliche Belastung zeigte sich, daß nicht die reife Tomate verspeist wurde, sondern die noch grüne Frucht – also wiederum ein offensichtliches Fehlverhalten. Wie war es dazu gekommen?

Letztlich war es die rote Farbe der reifen Frucht, die als geistig-seelischer Auslöser ihrem scheinbar unmotivierten und unerklärlichen Fehlverhalten zugrund lag: Die Frau hatte in ihrer pubertären Phase eine Auseinandersetzung mit der roten Farbe der Regelblutung, denn diese rief in ihr ständig die Erinnerung an die von ihr erlebte und erlittene dreifache Vergewaltigung wach. Sie nahm ihre Lieblingsfrucht im noch grünen Zustand als Ablenkung von der nicht verdauten Lebenssituation in Massen in sich auf. Wut und Aggression gegen das männliche Geschlecht fanden ihre Widerspiegelung schließlich in der Galle, so daß sich die Gallenblase aufstaute und mit Steinen anfüllte. Erst in der Nachbehandlung über die Reflexzonen, nachdem der operative Eingriff abgeheilt war, in klärenden Gesprächen, und über das schlußendliche Verzeihen konnte sie ihr Trauma verarbeiten.

Eine weitere Praxissituation sei in diesem Zusammenhang geschildert, denn nach langem Suchen stellte sich eine interessante Konstellation heraus. Eine Mitarbeiterin unseres Institutes in der Massageabteilung kam ganz aufgeregt in mein Sprechzimmer, ich solle doch bitte folgende Situation wahrnehmen: Ihre Patientin zeigte in der Reflexzone am Gallenblasenendpunkt, nachdem sie dort programmgemäß von ihr massiert worden war, eine dunkelblaue, blasenartige Reaktion direkt auf der Fußsohle. Ich wies die Patientin an, sofort darauf ihren Hausarzt aufzusuchen. Diesen Rat befolgte sie auch.

Nach einiger Zeit war sie wieder bei uns und teilte uns mit, daß medizinisch keine Störfelder in der Gallenblase zu finden waren. Absolute Verwunderung meinerseits – nach der Massagebehandlung an diesem Tag war die Zone auch nicht mehr dunkelblau, sondern nur noch gerötet. Die Situation war für mich nicht zufriedenstellend. Ich bat sie in mein Sprechzimmer, und nach langem Hin und Her und Abtaxieren von körperlichen, geistigen und seelischen Zuständen hörte ich plötzlich ein Lippenbekenntnis meiner Patientin: „Ach, wissen Sie, ich mach' mich jetzt gar nicht mehr verrückt. Wenn ich darüber nachdenke, habe ich immer wieder Schmerzzustände, und zwar ganz besonders dann im Gallenbereich, wenn uns meine Schwiegermutter vier Wochen lang besucht."

Was spielte sich kraft der Gedanken ab? Nicht ausgesprochene Konflikte zwischen Schwiegermutter und Schwiegertochter waren die Ursache dieser aufgeblähten, rebellierenden Gallenblase. Die Gedanken der Patientin waren so stark von dieser Lebenssituation absorbiert, daß ihre geistige Verkrampfung eine solch intensive körperliche Reaktion der Gallenblase auslöste. Dies zeigte sich auch an der Reflexzone. Die Lösung ergab sich dann über die Anwendung der Chakra-Energie-Massage, um direkt und gezielt auf geistig-seelische Bereiche einzuwirken. So konnte sie ihren inneren Leistungsdruck erkennen und auflösen.

71

Affirmationen:

Überschüssige Bitterkeit in mir löse ich auf.
Ich verzeihe mir alle Aggressionen.
Ich nehme Speis und Trank gesegnet in mich auf.
In meiner Gefühlsebene und in meiner Seelenschwingung
    lebe ich im lichtvollen Sein.

Gebärmutter und Vagina

Wie der Name schon bildhaft ausdrückt, ist die Gebärmutter die zentrale Funktionseinheit im weiblichen Körper für ein neues Menschwerden. Das birnenförmige Organ liegt im Unterleib zwischen Blase und Mastdarm. Die Vagina verbindet sie mit den äußeren Geschlechtsorganen (Schamberg, Schamlippen, Scheidenvorhof und Klitoris).

Körperliche Störungen:

Entzündung	Funktionsstörungen
Gebärmutterkrebs	Gebärmuttermyom
Gebärmutterpolyp	Gebärmuttersenkung
Infektionen	Pilzerkrankungen
Vernarbungen (nach Kaiser-	Zyste
schnitt u. a. Operationen)	

Zuordnung in den Fußreflexzonen:

Jeweils unterhalb des Innenknöchels liegt die Fußreflexzone, über die der Bereich von Gebärmutter, Vagina und den äußeren

Geschlechtsorganen (Vulva) erreicht werden kann. Das Teilgebiet unmittelbar um den Innenknöchel herum steht dabei direkt mit der Vagina in Verbindung (in der Abbildung auf Seite 208 gestrichelt eingezeichnet).

Geistig-seelischer Aspekt:

Der Auslöser für Störungen in diesem Organbereich liegt oft in einem unbefriedigenden Sexualleben. Vorgespielte Emotionen, unterdrückte Weiblichkeit und nicht ausgesprochene Worte in der Zweisamkeit sind meistens die Urheber von fehlgesteuerten Gedankeninformationen oder Erwartungshaltungen in diesem Körperbereich.

Eine Zyste im Gebärmutterbereich hat dabei ihren Ursprung in nicht ausgelebten Gefühlen – bis man bereit ist, den weiblichen Körper anzunehmen und, eine Normalität darin erkennt, daß der Geschlechtsakt zur Süße des Lebens zählt.

Checkliste:

Welche Lustgefühle in meinem Schoß halte ich zurück?
Welche Verkrampfungen im Gebärmutterbereich
　　lasse ich in der Zweisamkeit zu?
Welche Natürlichkeit des menschlichen Körpers
　　erkenne ich nicht an?
Nehme ich mir ausreichend Zeit in meinem Liebesspiel?
Habe ich den richtigen Partner?
Erkenne ich meinen biorhythmischen Zustand? Lebe ich ihn?

Fallbeispiel:

Eine Patientin war jahrelang an einem Scheidenpilz erkrankt. Der Pilzbefall war bis in den Gebärmutterbereich aufgestiegen. Alle

73

medikamentösen Behandlungen waren inzwischen ausgereizt. Hygienisches Fehlverhalten war nicht vorhanden, auch die Partnerschaftsthematik war abgeklärt, und sie war am Rande ihrer seelischen Belastbarkeit durch den ständigen Juckreiz und andere unangenehme Begleiterscheinungen.

Ich verordnete ihr die einfache Rezeptur einer Teemischung und bat sie, davon täglich 1½ Liter schluckweise zu trinken und sich auf eine zeitlich nicht festlegbare Behandlungsserie über die Reflexzonen einzulassen. Sie war zu allem bereit. Eine konsequente Massagefolge setzte ein und bescherte ihr einen bis heute andauernden absoluten Heilerfolg.

Was war geschehen? Durch die optimale Durchblutung der Schleimhäute in Gebärmutter und Vagina konnten sich die körpereigenen Abwehrkräfte mobilisieren und so stabilisieren, daß sich der Pilzbefall auflöste. Das Gewebe heilte vollkommen aus, so daß bei den Nachuntersuchungen großes Erstaunen über die Wirkung dieser Behandlungsmethode geäußert wurde.

In dem Fallbeispiel zu diesem Kapitel wird bewußt das Thema „Pilzerkrankung" angesprochen, denn unsere Immunabwehrkräfte sind heute so instabil, daß sich erfahrungsgemäß jede zweite Frau irgendwann in ihrem Leben mit solch einem Pilzbefall auseinandersetzen muß. Die meisten Ansteckungsherde, obwohl die Hygienevorschriften äußerst diszipliniert eingehalten werden, sind in den öffentlichen Badeanstalten im Bereich der Wärmeanreicherung der Whirlpoolanlagen zu finden.

Jetzt stellt sich also wieder die Frage: Welche fehlgesteuerten Gedanken haben meine Immunabwehr so sehr geschwächt, daß ein Pilzbefall mir etwas anhaben kann? In den Behandlungsgesprächen bestätigt sich dann, daß der Auslöser in einer unbefriedigten Sexualität liegt.

Daher erlauben Sie uns folgenden Appell an alle Frauen: Stöhnen Sie nie im falschen Affekt, in einer vorgetäuschten Erregung! Ein nicht erlebter Orgasmus, der Sie unbefriedigt in Ihrem Ge-

74

fühlsempfinden zurückläßt, und die Unfähigkeit, mit dem Partner darüber zu reden, resultieren oft aus nicht geäußerten Sehnsüchten, die der Partner nicht erfassen kann, wenn Sie sie ihm nicht mitteilen. – Es bringt keine Befreiung, allein vaginal auf die Befriedigung zu warten und den Orgasmushöhepunkt zu erhoffen.

Der Gebärmutterbereich, der warme Schoß des Lebens, ist voll in seiner Blüte, wenn wir selbst den Wärmeerguß zulassen. Dieses Zulassen kann nur über die Gefühlsebene geschehen. So kann körperlich die Wärme in die Organbereiche einfließen, und sie vermittelt dem Schoß auf allen drei Ebenen eine Gefühlsintensität, die Sie Ihre Lebensenergie spüren läßt.

Unterstützend und ausheilend ist die Reflexzonenmassage bei diesem Akupressurpunkt der Gebärmutter auch anzuwenden, wenn ein Zystenbefall vorliegt. Selbstverständlich ist dies mit dem Gynäkologen abzusprechen, doch die Akupressur ist in der Lage, solche Zystenbefunde mit einer stabilen Durchblutung wieder harmonisch in Gang zu bringen.

Affirmationen:

Ich lebe mein Leben, wie die Natur mich geschaffen hat.
Ich bin in vollkommener Harmonie mit meiner
    weiblichen körperlichen Schwingung.
Ich nehme mich als Frau vollkommen an.
Ich respektiere alle Lebensformen,
    die mir die Schöpfung gegeben hat.

Gehirn

siehe „Oberkopf"

Gleichgewichtsorgan

Im Innenohr befindet sich außer dem Hörorgan (Schnecke) auch das Gleichgewichtsorgan. Dieses besteht jeweils aus drei Bogengängen, den beiden Vorhofsäckchen und einem Druckausgleichsorgan. Damit können die Sinnesrezeptoren jede Änderung der Bewegungsgeschwindigkeit und -richtung registrieren und entsprechende Nervenimpulse weiterleiten.

Körperliche Störungen:

Gleichgewichtsstörungen   Schwindel

Zuordnung in den Fußreflexzonen:

Das Gleichgewichtsorgan liegt am Fußrücken jeweils im Sehnenzwischenraum der kleinen Fußzehe und der nächsten Zehe. Beim Abtasten und Massieren der Reflexzone in dieser Vertiefung reagiert man oft sehr stark, denn sowohl das eigentliche Gleichgewichtsorgan als auch die zugehörige Reflexzone sind äußerst sensibel und empfindsam.

Dieser Effekt kann gleichzeitig aber auch sehr hilfreich eingesetzt werden, wenn man einmal so völlig „neben sich steht", das heißt jegliche Orientierung verloren hat, und alles an der eigenen Wahrnehmung „vorbeirauscht". Dann stellt der Griff auf diese Reflexzone den notwendigen Körperkontakt wieder her, man fühlt sich wieder und hat wieder Bodenkontakt. Zusammen mit einem tiefen Durchatmen stellt dieser Griff auch wieder eine Verbindung zum Solarplexus her, so daß diese Reflexzone der Schlüssel ist, den Menschen über das vegetative Nervensystem mit seiner Schwingungsenergie in sein Zentrum, in seine Mitte und in die Deckungsgleichheit von Körper, Geist und Seele zu bringen.

Geistig-seelischer Aspekt:

Das Gleichgewicht und der Solarplexus werden von allen Schock-situationen empfindlich tangiert. Hier manifestieren sich sehr deutlich alle ungelösten Störfelder (unabhängig davon, welche Lebenssituation sie ausgelöst hat). Denn wird der Schock nicht aufgearbeitet und bewältigt, hinterläßt er seine Spuren. Und egal, wann er uns im Laufe des Lebens aus dem Gleichgewicht ge-bracht hat, er begleitet und beeinflußt uns bis ans Lebensende wie unnötiger Ballast – bis wir ihn erkennen und von Bord werfen.

Checkliste:

Lebe ich in meiner Mitte?
Habe ich den Unrat des Lebens ins Gleichgewicht gebracht?
Was wirft mich aus meinem Gleichgewicht?

Fallbeispiel:

Neben der starken Schleuderkraft, mit der Schocksituationen den Menschen aus der Bahn werfen können, sind wir kraft der Gedanken aber auch in der Lage, uns bewußt aus dem Gleichge-wicht zu bringen. Dabei sind verschiedene Meditations- und Trainingstechniken behilflich.

So hatte ich ein Erlebnis, das mich heute noch zum Schmun-zeln bringt. Ein mir bekannter Yogalehrer glaubte eines Tages, er müßte etwas für seinen „grobstofflichen" Körper tun, und eine Reflexzonenmassage wäre jetzt genau das richtige …

Er meldete sich an, und wie immer stand das genaue Abtasten aller Reflexzonen am Anfang. Daß dies oft auch schmerzliche Empfindungen auslöst, ist bekannt. Denn die Schlackenstoffe des Lebens hinterlassen ihre Ablagerungen in den Reflexzonenend-punkten, was beim Abtransport über das Massieren zunächst oft äußerst schmerzhafte Folgen zeitigt. Dies alles war wohl auch dem Yogalehrer bekannt.

Er setzte sich in meinen Massagestuhl und schaute mich lächelnd an. Er dachte so laut, daß ich förmlich seine Gedanken lesen konnte: „Nun mach mal!" Ich lächelte zurück und begann mit dem Abtasten der Reflexzonen. Nach den ersten Punkten, die erfahrungsgemäß bereits spürbare Reaktionen hätten verursachen müssen, verzog sein Gesicht keine Miene; ja, sein Grinsen wurde immer breiter. Innerlich mußte ich ihn belächeln, denn er konnte ja nicht wissen, daß man über die Endzone des Gleichgewichtsorgans den Solarplexus harmonisieren kann …

So ließ ich mich also noch bei weiteren Punkten auf sein Spiel ein und konnte ihm dann die Stärke der Reflexzonen zeigen: Ich tastete mit meinem Daumen über die Zone des Gleichgewichtsorgans und fand dort eine fast erbsengroße Verhärtung. Ich fuhr mit meinem Daumen kreisend von unten nach oben und strich über diese Erhöhung: Ein Schrei, ein Laut – und fast hätte er mir vor Schmerz auf dem Schoß gesessen, denn er schnellte nach oben, aus der bequemen Lage des Stuhles heraus, und schrie: „Aua, das tut aber weh!"

Jetzt zeigte ich mein schönstes Lächeln und erklärte ihm, daß er seinen Körper annehmen und sich nicht kraft seiner Gedanken und Yogaübungen aus seiner Mitte ziehen solle, um sich schmerzunempfindlich zu machen.

Er würde sich betrügen, weil er seinen grobstofflichen Körper nicht annähme. Dieser grobstoffliche Körper habe nämlich nur über die Signale des Schmerzes die Möglichkeit, dem Menschen zu zeigen, wo sich eine Disharmonie befinde. Die Natur schenkte uns eine Einheit in unserer Lebensform – und diese Einheit heißt Körper, Geist und Seele.

Ich erklärte ihm, er müsse mal etwas für seinen Körper tun. Dies hätte er wohl auch erkannt, sonst wäre er ja nicht bei mir. Doch seine Lebensstrategie könne er nie in Harmonie bringen, wenn er glaube, nur in der Geist- und Seelenschwingung leben zu können. „Unsere Erde ist ein Magnetfeld. Wir haben uns für dieses Erdenleben diesen Körper geformt, infolgedessen haben wir auch für ihn Sorge zu tragen!"

Er war irritiert und leicht verwirrt. Ich freute mich über seine Antwort, die mir die Chance gab, ihn ein Stück des Weges in seiner Selbstfindung zu begleiten, denn er sagte: „Dann habe ich aber noch einiges aufzuarbeiten, wenn ich lernen soll, meinen Körper anzunehmen."

Und er fügte scherzhaft hinzu: „Und ich dachte, ich hätte schon alles aufgearbeitet ... "

Die Reflexzonenendpunkte des Gleichgewichtsorgans sind also ein Verbindungsschlüssel zu unserem Sonnengeflecht und somit auch die Vertiefung und der Einstieg in die Chakren und energetischen Bereiche unserer Lebensform.

Mein Yogalehrer hatte sich bewußt in diese „Gleichgewichtsstörung" kraft seiner Gedanken gesetzt. Doch in Schock- und Streßsituationen kann unser Gleichgewicht auch vollkommen unbemerkt aus den Fugen geraten. Daher, liebe Leser, nehmen Sie Ihre Füße, wenn Ihr Alltagsstreß Sie stark herausgefordert hat, massieren Sie fünf Minuten Ihr Gleichgewichtsorgan, und Sie werden fühlen, daß sich der innere Druck wieder auflöst, der nach Streßsituationen im Solarplexus spürbar ist.

Ist es nicht wunderbar, was uns die Natur in Form der Reflexzonen geschenkt hat? Dabei sei erwähnt: Die natürliche Aktivierung der Reflexzonen hat sich der Mensch selbst genommen. Wir haben uns alles zementiert, gleichgemacht, mit Teppichboden oder Parkett belegt, mit Teppichen ausgelegt, Schuhwerk den Füßen angepaßt für alle Wandersituationen ...

Doch es wird viel zuwenig darauf hingewiesen, so wie es auch der „gute alte Vater Kneipp" tat, barfuß zu laufen, die Schuhe einmal auszuziehen, auf einem Wanderweg über Stock und Stein

zu gehen oder (wie in vielen Kuranlagen jetzt wieder neu angelegt) Wasser zu treten und über Wiesen zu gehen, um die natürliche Reflexzonenmassage wieder zu nutzen. Auch das hält unsere Einheit von Körper, Geist und Seele im Gleichgewicht!

Affirmationen:

Ich bin in meinem Gleichgewicht in Körper, Geist und Seele.
Das Gleichgewicht meines Lebens ist das Licht,
    das ich erkenne.
Ich lebe aus innerer Freiheit und Stabilität.

Hand

Die Hände und Finger ermöglichen es uns, Gegenstände zu fas-
sen, zu halten und weiterzugeben. Bestimmte Haltungen haben
Signal- und Symbolcharakter für unsere Mitmenschen. Die absolute Gelenkigkeit und Beweglichkeit in Händen und Fingern eröffnet uns die Möglichkeit, sowohl feinmotorische Details aus-
zuführen als auch Schwergewichtiges anzupacken.

Körperliche Störungen:

Arthrose/Arthritis	Gelenksverrenkung
Gelenkszerrung	Gicht
(Verstauchung)	Karpaltunnelsyndrom
Knochenbruch	Muskelriß
Muskelzerrung	Rheuma
Schleimbeutelentzündung	Sehnen-/Bänderriß
Sehnenscheidenentzündung	Überbein

Zuordnung in den Fußreflexzonen:

Sie finden die zugeordnete Entsprechung in der Reflexzone „Armbereich", die vom Grundgelenk des kleinen Zehs bis zum fühlbaren Ende des Mittelfußknochens reicht. Am Ende dieser Reflexzone, das heißt kurz vor dem Ende des Mittelfußknochens, liegen die Nervenendpunkte von Händen und Fingern.

Auch wenn eine festgestellte körperliche Störung in der Hand ihren Schwerpunkt hat, so wird dennoch immer die gesamte Reflexzone „Armbereich" massiert.

Geistig-seelischer Aspekt:

Helfende Hände sind gesegnete Hände. Ich kann mit meinen Händen nehmen und geben. Schauen Sie sich, liebe Leser, dieses Wechselspiel der Energien und Gedanken einmal genau an: Wie groß und wie vielfältig sind doch die Möglichkeiten, in einem positiven Seinszustand zu leben!

Unsere sensiblen Fingerspitzen gehen dabei über das Fühlen und Tasten, Greifen und Halten immer zur Rückkopplung des Armes, der die Ausführung über die Steuerung des Gehirnes bis in die Fingerspitzen vollzieht und ihre Bewegung möglich macht.

Lassen Sie Ihre Hände sich jedoch nie zu einem Kraftakt brutaler Gewalt bewegen! Denn machen Sie sich bewußt: Sollten Sie jemals ein Kind schlagen oder einen erwachsenen Menschen durch einen Schlag verletzen – Sie könnten darin einen geistigen Meister schlagen, der Ihnen die Hand reichen wollte, um etwas zu erkennen. Die Wirkung dieses Gewaltaktes fällt auf Sie persönlich zurück, denn die Gesetzmäßgkeit der Natur sorgt für einen Ausgleich der Energien. Deshalb sollten Sie das Gleichgewicht der Energien auch im Einsatz Ihrer Hände sehen. Jede Bewegung Ihrer Arme – vom Ellenbogen bis in die Fingerspitzen – sollte eine liebevolle Bewegung sein.

Dieses Erkennen läuft energetisch über die beiden Energiefelder, die sich jeweils in den Handinnenflächen befinden. Sobald sich diese Energiefelder aktivieren, verstärkt sich die Wahrnehmungsfähigkeit unserer Sensoren in den Händen. Sie erleben das selbst, wenn Sie beispielsweise Ihrem Partner über den Rücken streichen und dabei genau die „richtigen" Stellen finden, wie Ihnen der Massierte bestätigt.

Gehen Sie daher bitte mit sich in der Welt liebevoll um beim Ertasten und Erfühlen über ihre Arme und Fingerreflektoren. Denn diese Bereiche gehören auch zur Stütze des Lebens, indem die Hände gebend und nehmend sind. Was gibt es Schöneres, als liebend zu geben und liebend zu nehmen im Alltag unseres Seins?

Checkliste:

Was will ich nicht anfassen?
Welche Berührung lehne ich ab?
Welche meiner Erkenntnisse setze ich nicht in die Tat um?

Fallbeispiel:

Ein Patient mit Handekzemen, die sich in seinen Handflächen befanden und zwischen den Fingern in starke Rötungen übergingen, kam in meine Praxis. Während der Massagebehandlung fragte ich ihn, worauf er keine Lust hätte, es mit den Händen anzufassen; was ihn ganz einfach und menschlich ekelt, es mit seinen Händen zu berühren. Seine Antwort war: „Was hat das mit meinem Ausschlag zu tun?" Ich sagte ihm, daß es durchaus möglich ist, Hauterscheinungen kraft der Gedanken zu produzieren, wenn man eine innere Abwehr gegen etwas hat, was man tun muß und nicht möchte, und diese Abwehr sich viele Jahre aufstaut. Er lächelte etwas müde, und ich spürte an seiner Körperhaltung, was er dachte ...

Da ich seinen Beruf kannte (er war Kassierer in einer Bank) und ich schon abgeklärt hatte, daß es keine vom Geld übertragenen Krankheitserreger waren, fragte ich ihn spontan, ob er denn seinen Beruf liebe. Sein Ausbruch kam direkt: „Tag für Tag immer das Geld zählen, das eh nicht mir gehört ... das ist so stupide. Ich hasse meinen Beruf! Außerdem wollte ich nie Kassierer werden und frage mich sowieso schon lange, warum ich das mache. Und ich weiß überhaupt nicht, was ich machen soll."

Ich kanalisierte seinen Ausbruch, indem ich ihm sagte, er könne jeden Tag neu anfangen – auch im Beruf. Es kam ein: „Ja, aber ich verdiene doch gut als Kassierer." Ich sagte ihm: „Betrachten Sie es doch dann bitte einmal als Ehre, welch großes Vertrauen in Ihre Hände gesetzt wird, wenn jeden Tag Beträge in stattlicher Höhe durch Ihre Hände gehen." „Naja", sagte er, „so kann man es auch sehen."

Das einfachste wäre für ihn, mit seinem Beruf in Harmonie zu gehen, um seine innere Unruhe auszugleichen. Und ich bemerkte bei weiteren Behandlungen, daß er sich darin sichtlich Mühe gab. Das Abheilen ging trotz allem viel zu langsam voran. Bis es eines Tages aus ihm herausplatzte: „Und jetzt wechsle ich doch die Abteilung. Und ich wechsle sogar die Bank!"

Nach einiger Zeit konnte er sich selbst seine eigene Diagnose stellen, indem er sagte: „Mein Gott, es ist so einfach. Erst jetzt erkenne ich, daß mein eigenes Denken falsch war und meine Krankheit hervorgerufen hat. Eigentlich logisch – so erscheint es mir jetzt: Ich hatte meine Finger gezwungen, mir unliebsam erscheinende Dinge zu tun."

So sei diesem Beispiel noch eine weitere kurze Schilderung eines ähnlichen Krankheitsbildes hinzugefügt, das einige Zeit später in der Praxis auftauchte: Es handelte sich um einen Mann, der seine Zärtlichkeiten und das Streicheln seiner Finger zu wenig auf seine Partnerin übertragen konnte. Denn das Streicheln seiner Hände, was er so gerne tat, wurde von seiner Ehefrau als lästig empfunden und als kitzelig abgelehnt.

Die Empfehlung, Blumen, Tiere und alles, was er erfühlte, zu streicheln, reichte ihm nicht – ihm fehlte die menschliche Wärme und Zuneigung.

Schließlich konnte ich ihn mit seiner Frau zu einer Eheberatungsstelle schicken: Mit der Bewältigung der Ehekrise konnte sich auch sein Krankheitsbild auflösen. – Und seine Streicheleinheiten werden nun liebevoll von der Ehefrau empfangen.

Liebe Leser, Sie ersehen aus den beiden geschilderten Praxisfällen: Unsere Fingerspitzen sind absolute Sensoren der Feinstofflichkeit, das heißt, sie spiegeln unsere innere Haltung, unser Denken und Fühlen nach außen wider.

Zwanghaftes Tun eines innerlich abgelehnten Vorgangs wirkt als absolutes Störfeld auf die Hände und Finger. Ebenso belastet die körperliche Harmonie auch der innerliche Wunsch, etwas zu tun, wenn ihm jegliche Umsetzung fehlt.

Affirmationen:

Ich fasse alles mit liebenden Händen an.
Ich berühre alles mit liebevollen Händen.
Meine Finger sind beweglich und lassen die Energien
    frei fließen.
Die Berührung meiner Hände wird von meinen Mitmenschen
    liebevoll angenommen.
Meine Hände sind mir Halt und Stütze
    in der Fortbewegung meines Jetzt-Lebens.
Meiner Hände Arbeit ist rechtschaffen.
Ich nehme mein Leben selbst in die Hand.
Meine Hände und meine Arme setzen heilende Energien um
    als Transformator allen Seins.

Harnleiter

siehe „Niere, Harnleiter, Blase"

Haut und Haare

Die Haut bedeckt die gesamte Oberfläche des Körpers. Sie ist in mehreren Schichten aufgebaut, und zu ihr gehören auch Haare, Schweiß- und Talgdrüsen.

Auch die Nägel gehören zu den Anhangsorganen der Haut, sie werden thematisch jedoch in einem eigenen Abschnitt ausführlich behandelt.

Die Haut hat neben ihrer schützenden und abgrenzenden Funktion gegenüber der Außenwelt auch die Aufgabe, an der Regulierung des Wasser- und Wärmehaushaltes mitzuwirken. Über speziell dazu ausgebildete Nervenzellen empfängt sie auch Sinneseindrücke wie Temperatur-, Schmerz-, Druck-, Berührungs- und Tastreize.

Körperliche Störungen:

Akne	Ekzem
Entzündung	Erysipel (Wundrose)
Furunkel/Karbunkel	Haarausfall
(Haarfollikelentzündung)	Hautkrebs
Infektionskrankheiten	Kopfschuppen
Neurodermitis	Parasiten
Pigmentstörung	Pilzerkrankungen
Schuppenflechte	Verfärbung
Wunden	

Zuordnung in den Fußreflexzonen:

Die Haut hat keine eigene Reflexzone. Da sie den einzelnen Organbereichen quasi aufliegt, wird sie diesen jeweils zugeordnet. So ist zum Beispiel eine Schnittverletzung an der Hand in der Reflexzone „Armbereich" zu finden. Bei dieser Gelegenheit sei nochmals darauf hingewiesen, daß natürlich offene Verletzungen durch Schnitte oder auch Operationen nicht über eine Reflexzonenmassage aktiviert werden dürfen. Denn die einsetzende stärkere Durchblutung könnte die Wunde wieder aufgehen lassen und damit die Wundheilung behindern. Also erst nach der (vom Arzt festgestellten) Ausheilung in Form einer Nachbehandlung tätig werden!

Körperlich bestehen Verknüpfungen der Haut zu vielen inneren Organstörungen, so daß der grobstoffliche Auslöser in einem Mineralstoff- oder Hormonmangel, einer Stoffwechselstörung oder in anderen Ungleichgewichten des Körpers zu finden ist. Deshalb ist es so wichtig, immer ein vollständiges Bild über das genaue Abtasten aller Reflexzonenendpunkte zu erstellen.

Geistig-seelischer Aspekt:

Der Volksmund gibt uns wichtige Hinweise für die Deutung von Hautkrankheiten. So sind die folgenden Aussagen nur einige Beispiele: „Ich fühle mich nicht wohl in meiner Haut", „Ich könnte aus der Haut fahren", „Ich raufe mir darüber die Haare", „Ich ärgere mich schwarz".

Betrachten Sie diese Sätze einmal als Affirmation. – Erkennen Sie die möglichen Auswirkungen?

Alle Gedankenformen sind schließlich Energie und unterliegen dem Gesetz von Ursache und Wirkung, so daß sie sich irgendwann verwirklichen *müssen*, wenn wir sie nicht rechtzeitig erkennen und auflösen!

Hinter Hauterscheinungen liegt oft eine tiefe Angst. Die Haut reagiert in ihrer Schutzfunktion gegenüber der Außenwelt, sobald eine innere Unsicherheit und Ängstlichkeit verhindert, die eigenen Bedürfnisse umzusetzen und zu leben. Dann sucht sich die innen aufgestaute Energie ihren eigenen Weg, sich freizusetzen – eben über die Haut.

Streicheleinheiten und Liebkosungen sind ebenso wichtig wie das Sich-selbst-gern-Haben. Vor dem Spiegel zu stehen, sich in die Augen zu schauen und dabei laut zu sagen: „Ich mag mich!" ist für viele eine Herausforderung – vor allem in der Umstellungsphase der Pubertät, wenn man sich überhaupt nicht mehr wiedererkennt und nur noch innere und äußere Rebellion herrscht.

Gehen Sie in Harmonie mit sich selbst, und fühlen Sie sich wohl in Ihrer Haut!

Checkliste:

Welche Wünsche erfülle ich mir nicht?
Wo hält mich Angst und Bequemlichkeit
    in mir unangenehmen Situationen fest?
Welche innere Aggression richte ich gegen mich selbst?
Wieso finde ich mich häßlich?
Wieso ziehe ich mich vor meiner Umwelt zurück?
Wer darf mich nicht anfassen?

Fallbeispiel:

Eine Frau litt seit Jahren unter sehr starker Neurodermitis. Sie fühlte sich immer unwohler in ihrer Haut und konnte sich selbst nicht mehr leiden. Auf Empfehlung war sie zu uns in die Praxis gekommen und bot wirklich ein Bild des Erbarmens.

Die körperliche Unterstützung der Durchblutung durch Fußreflexzonenmassage zeigte rasch Wirkung. Eine erste Besserung trat ein. In den Gesprächen zeigte sich, daß der tiefere Grund für ihr Leiden in ihrem Arbeitsplatz lag. Sie war unzufrieden mit ihrer beruflichen Tätigkeit, denn sie wollte mehr aus sich machen. Es kristallisierte sich heraus, daß sie direkt mit Menschen zu tun haben wollte.

Die Umsetzung dieses Wunsches scheiterte an ihrer Existenzangst. Schließlich mußte sie ihr bekanntes Umfeld verlassen und völlig neu anfangen zu lernen.

Der Schlüssel war für sie die Erkenntnis, daß ihr die Haut überschüssige Energie signalisierte. Ihr inneres Bedürfnis, sich zu verändern, setzte unendlich viel Energie frei. Da sie das Energiepotential jedoch nicht umsetzte, richtete sie diese Kraft zerstörerisch gegen sich selbst. Diese Feststellung war für sie dann die Anregung, ihrem Wunschbild eine konkrete Form zu geben. Und wo war es leichter möglich, Energie an Menschen weiterzugeben, als im therapeutischen Bereich?

So traf sie schließlich die Entscheidung, eine Ausbildung in Chakra-Energie-Massage auf Basis der Fußreflexzonen zu absolvieren. Mit Rückhalt aus ihrer Familie und einem Ehemann, der ihr Mut zusprach, konnte sie erfolgreich ihre neue Tätigkeit beginnen. Sofort nachdem die Entscheidung feststand, klangen alle Hautbeschwerden ab. Sie ist heute erfolgreich selbständig tätig – mit einem vollkommen gesunden Hautbild.

Affirmationen:

Ich bringe mein Innerstes nach außen.
Ich realisiere mutig und geradlinig meine Wünsche und Ziele.
Ich wandle alles um und bin immer in Harmonie.
Meine innere Schönheit ist das nach außen strahlende Licht
    meiner Offenheit.
Ich genieße die zarte Berührung meiner Haut
    wie einen Balsam für die Seele.

Herz

Das Herz hat wie eine „Pumpstation" die Aufgabe, den Blut-kreislauf aufrechtzuerhalten.

Körperliche Störungen:

angeborene/erworbene
  Herzfehler
Erkrankungen der
  Herzkranzgefäße
Herzinsuffizienz
Hypertonie (erhöhter
  Blutdruck)
Rhythmusstörungen

Angina pectoris
Entzündung
Erregungsleitungsstörungen
Herzinfarkt
Herzklappenfehler
Hypotonie (erniedrigter
  Blutdruck)

Zuordnung in den Fußreflexzonen:

Die Fußreflexzone für das Herz ist am linken Fuß zu finden. Sie liegt an der Fußsohle, etwas unterhalb des äußeren Zehenballens. Über diese Reflexzone wird gleichzeitig die Thymusdrüse ange-sprochen, die auch vom geistig-seelischen Thema zum Herzen gehört.

Dieser Herzpunkt animiert unsere Schüler, die zur Ausbildung kommen, immer wieder zu der Frage, ob man da nicht etwas falsch machen oder gar schwerwiegende Herzprobleme auslösen könne. Nein! Die Akupressur der Fußreflexzonen regt im zuge-ordneten Organbereich eine optimale Durchblutung an. Und ein gut durchblutetes Herz ist ein gesundes Herz.

Durch die Akupressur können also kein Infarkt oder Kreislauf-probleme, die mit der Funktion des Herzens in Verbindung ste-hen, ausgelöst werden.

Stellen Sie sich einfach bildhaft vor, wie das gesunde Blut gleichmäßig im venösen und arteriellen Bereich in seine Aufgabengebiete fließt – das ist der Zustand der optimalen Durchblutung. Dann fühlt sich das Herz warm an.

Liegen Störfaktoren beispielsweise in Form einer Herzmuskelschwäche vor, so ist es möglich, daß der Klient beim Massieren sofort diese Wärme in der Herzgegend spürt, weil das Herz nun wieder besser durchblutet ist. – In diesem Zustand bester Versorgung kann es natürlich nicht zu einem Funktionsausfall kommen.

Auch wenn Verengungen vorliegen, so wird durch diese Durchblutung eine Besserung hervorgerufen. Durch die Aktivierung der Reflexzone kommt es schließlich zu einer Dehnung und Entkrampfung, da das Blut wieder besser in seinem Kreislauf zirkuliert.

Besitzt ein Klient einen Herzschrittmacher, so wird mit der Durchblutungsmassage das organische Umfeld angesprochen und gestärkt und nicht der Herzschrittmacher, der ja ein verschlossener Gegenstand ohne Blut- und Nervenversorgung ist und daher also gar nicht auf die Massage reagieren kann.

Geistig-seelischer Aspekt:

Das Herz und auch die Thymusdrüse sind gekoppelt mit dem Energiefeld des Herzchakras. Es ist das Zentrum für die All-Liebe. Dies bedeutet, alles und jeden ohne Wertung und ohne Erwartung zu lieben. Ohne Streß, frei von Leistungsdruck dem liebevollen Rhythmus des Lebens zu vertrauen.

Herzeleid, Kummer und Sorge lasten demgegenüber wie ein Stein auf dem Herzen. Auch kann sich Liebe in den Gegenpol wandeln – in Haß und Einsamkeit. Doch wir können jeden Moment neu anfangen und alles kraft unserer Gedanken wieder umwandeln in lichtvolle Schwingungen der All-Liebe!

Checkliste:

Wieso lasse ich zu, daß meine Kümmernisse mich krank machen?
Welches Herzeleid trage ich für andere?
Wem kann ich nicht verzeihen – mir oder den anderen?
Weshalb fühle ich in meinem Herzen nur Neid und Mißgunst?
Wie vielen negativen Gedankenformen mache ich
   in meinem Herzen Platz?

Fallbeispiel:

Ein 45jähriger Mann kam zur Operationsvorbereitung in unsere Praxis: Er stand auf der Warteliste für eine Herz-Bypass-Operation in der Schweiz und wollte die 12 Wochen Wartezeit nutzen, um das Gewebe auf den operativen Eingriff und die damit verbundene Narkose optimal vorzubereiten.

Der Patient besaß eine Schwäche, die auch die grobstoffliche Ursache für die Verengungen von Venen sowie Arterien war: das Rauchen. Er hatte nicht die Willensstärke, wozu er sich auch offiziell bekannte, das Rauchen sein zu lassen. Aber er war natürlich sehr dankbar für die Hilfe, die ihm von der modernen Medizin zuteil wurde.

Selbstverständlich beteuerte er: „Ich rauche viel weniger als vorher. Denn es ist schon ein gravierender Lebenseinschnitt, wenn man sich bereits mit 45 Jahren Bypass-Operationen unterziehen muß."

Den Hintergrund dieser Krankheit konnten wir zu einem späteren Zeitpunkt mit ihm erarbeiten: Er erkannte, daß er ein Vaterproblem nicht gelöst hatte. – Denn er glaubte, immer besser als sein Vater sein und ihm etwas beweisen zu müssen (was letztendlich der Vater aber überhaupt nicht wollte). Dieser ständige Leistungsdruck machte ihn zum Kettenraucher, und seine Zwangsneurose schnürte ihm das Herz zu.

Während sich im vorangegangenen Beispiel die geistig-seelische Belastung direkt körperlich manifestiert hat, ist es auch möglich, daß ohne grobstofflich nachweisbare Organstörungen Schmerzen auftreten können, wie das nachfolgende Beispiel veranschaulicht:

Eine Frau kam zum ersten Termin und klagte über Herzrhythmusstörungen, doch die klassischen Untersuchungen hätten keine Ursache lokalisieren können. Wie sie erklärte, verspürte sie immer den gleichen Druck in der Brust und klagte über „Herzstolpern". Sie sagte: „Ich werde schon nicht mehr ernst genommen. Mein Herz sei gesund. Und doch: Ich habe Schmerzen!"

Ich hörte ihr eine Weile zu und bat sie dann, mir ihre Füße zu geben, damit ich die Reflexzonen genau abtasten konnte. Als ich zum Herzpunkt kam, fühlte sich die Reflexzone recht geschwollen an, doch Ablagerungen oder Schlackenstoffe konnte ich nicht fühlen. Nachdem ich alles abgetastet hatte, spürte ich noch einmal zu den Solarplexuspunkten hin, um ihr Vegetatives zu entspannen, denn ich merkte während des Abtastens, daß Tränen in ihren Augen aufstiegen. Ich massierte eine Weile und ging mit meinem Daumen dann zurück auf den Herzpunkt, denn das, was ich in ihr letztendlich fühlte, war ein tiefes Herzeleid. Ich sprach sie direkt an: „Wer hat Sie denn in Ihrer Seele so verletzt? Was lastet so auf Ihrem Herzen? Möchten Sie nicht einmal darüber reden?"

Ich hatte noch nicht ausgesprochen, da bekam sie schon einen Weinkrampf. Die ganze Tragödie ihres Lebens brach aus ihr heraus: Sie hatte vor geraumer Zeit durch einen Unfall ihren Lebenspartner verloren. Ihre ganze Trauer, ihren ganzen Schmerz vergrub sie in ihr Herz. Sie konnte niemandem ihren Kummer anvertrauen.

Ich fragte sie, ob ihre Eltern noch lebten. Sie bejahte. Und ich sagte ihr: „Dort ist doch eine Stelle, wo man reden kann." Sie sagte: „Nein. Meine Eltern konnten ihn nicht leiden. Und meinen

Kummer werden sie dann erst recht nicht verstehen. – So habe ich halt alles in mich hineingefressen."

Ich hörte ihr schweigend zu und massierte weiter. Sie erzählte und erzählte, und ich signalisierte ihr: „Ich habe Zeit. Ich bin gerne Ihre Klagemauer." Zwischendrin atmete sie einmal tief durch, und sie sagte: „Komisch, der Druck ist weg. Kann das sein? Er war doch da! Ich hab' mir das doch nicht eingebildet. Glauben Sie mir! Aber jetzt ist auf einmal der Druck weg. Einfach so."

Ich dankte der Natur und der Schöpfung. – In den Augen der Frau war es eine Spontanheilung. Mir als Reflexzonentherapeutin war klar, daß ich über die Akupressur das Ventil ihres Herzens geöffnet hatte, so daß sich der Druck ihrer aufgestauten Sorgen und Kümmernisse Bahn brechen konnte, während ich sie einfach nur erzählen ließ.

Wir möchten Sie jetzt, liebe Leser, gerne Ihren Gedanken zu diesen geschilderten Fallbeispielen überlassen.

Wie leicht sind doch manche Wunder zu verstehen. – Und wie schwer lastet oft der Druck, wenn der Geist und die Seele ihre Kümmernisse in den Tiefen des Herzens vergraben müssen.

Nutzen Sie die nachstehenden Affirmationen für sich selbst, für andere oder Ihre Klienten, um das Dunkel in ein lichtvolles Sein zu transformieren.

Affirmationen:

Mein Herz ist mit Licht und Liebe erfüllt.
Mein Herz kann allen und alles verzeihen.
Mein Herz ist mit Liebe für mich erfüllt.
Ich fühle mich wohl in meinem Herzen.

Hoden und Penis

Hoden und Penis zählen zu den äußeren Geschlechtsorganen des Mannes. Die Hoden spielen eine wichtige Rolle im Hormongeschehen (Testosteron) und haben die Aufgabe, die Spermien ausreifen zu lassen.

Die Spermien werden beim Samenerguß aus den Nebenhoden abgegeben und gelangen dann über die ableitenden Ausführungsgänge (Samenleiter, Harn-Samen-Röhre) nach außen.

Körperliche Störungen:

Entzündung	Funktionsstörungen
Krampfadern	Lage-/Entwicklungs-
Tumor	störungen

Zuordnung in den Fußreflexzonen:

Die zugehörige Fußreflexzone ist jeweils unterhalb des Außenknöchels zu finden. Über diese Zone sind Hoden, Nebenhoden, Penis und auch die jeweils darin verlaufenden Ausführungsgänge reflektorisch zu erreichen.

Wegen der besonderen Sensibilität in diesem Bereich ist der Druck beim Abtasten und Massieren sorgfältig zu dosieren.

Geistig-seelischer Aspekt:

Hoden und Penis sind zentrale Organbereiche der Männlichkeit. So wirken sich auch alle Thematiken und Problematiken mit dem Mann-Sein auf diese Bereiche aus. Es besteht eine direkte Verbindung zu dem Energiefeld des Wurzelchakras, das als Zentrum der Sexual- und Lebensenergie den ganzen Unterleib umfaßt.

Checkliste:

Welche Gedankenformen hinterlassen
in meinem Unterleibsbereich krampfartige Zustände?
Welche Lebenssituation muß ich noch meistern?
Welchen Partnerschaftskonflikt muß ich bereinigen?
Welcher nicht gelebte Liebesakt hält mich gefangen?
Wer nimmt mir meine Lebensenergie aus meinem Schoß?

Fallbeispiel:

Ein junger Mann mußte sich einer Hodenkrebs-Operation unterziehen. Auf Empfehlung kam er zur Nachbehandlung in unsere
Praxis. Er hatte erkannt, daß die rein körperliche Entfernung der
entarteten Zellen nicht ausreicht, um vollständige Heilung zu erlangen.

Seine Lebensgeschichte war von einem tiefen Konflikt mit
seinem Elternhaus geprägt: der ständigen Einschränkung seiner
freien Entfaltung, seiner männlichen Kraft und Potenz. Seine
Lebensenergie – die natürlich nicht nur in der Sexualität ihren
Ausdruck findet, sondern auch in alle anderen Lebensbereiche
einfließen möchte – war gleichsam unterbunden. Die ständige
Bevormundung durch die Eltern ließ ihn schließlich die überschüssige Energie gegen sich selbst richten, so daß sein Körper
mit diesem Krankheitsbild reagierte.

Als er sich dies bewußtgemacht hatte, konnte er sich aus den
Fesseln seines Elternhauses lösen und eine eigene Familie gründen, die zu seiner größten Freude mit Nachwuchs gesegnet war.

Affirmationen:

Ich lebe und fühle die Wärme meines Wurzelchakras.
Ich habe eine erfüllte Lebensenergie.

Ich bin völlig in Harmonie in meiner Partnerschaft.
Ich bin frei in meiner Liebesfähigkeit.
Ich bin frei in meinem Sex.
Ich transformiere meine Lebensenergie aus meinem Schoß
    in Körper, Geist und Seele.
Ich lasse meine Lebensenergie in alle Bereiche
    meines Seins einfließen.
Ich lebe in Harmonie mit der Natur.

Hüfte und Oberschenkel

Die Hüfte trägt wie eine Schale in ihrer Mitte die aufsteigende Wirbelsäule. Sie ist über das Hüftgelenk mit den Oberschenkelknochen verbunden und ermöglicht damit dem Menschen die aufrechte Fortbewegung.

Körperliche Störungen:

Arthrose/Arthritis
Gelenkszerrung
    (Verstauchung)
Muskelriß
Muskelzerrung
Sehnen-/Bänderriß

Gelenksverrenkung
Hüftschiefstand
Knochenbruch (z. B. Oberschenkelhalsbruch)
Rheuma
Versteifung

Zuordnung in den Fußreflexzonen:

Direkt um den Außenknöchel des Fußes herum liegt die zugeordnete Fußreflexzone. Sie wird immer am Fußrücken beginnend nach hinten abgetastet und massiert.

Geistig-seelischer Aspekt:

Aus der Balance einer ausgeglichenen Hüfthaltung heraus kann der Schritt ins Leben gewagt werden. Auch bedeutsame Entscheidungen können dann ohne Angst realisiert und Erkenntnisse voller Selbstvertrauen konsequent umgesetzt werden.

Checkliste:

Was hält mich so fest, daß ich mich nicht mehr
    fortbewegen möchte?
Wieso habe ich Bewegungsstillstand?
Welchen Schritt weigere ich mich zu tun?
Welche Angst hält mich zurück?
Welche Entscheidung setze ich nicht um?

Fallbeispiel:

Es fand sich eine Patientin bei uns ein mit folgender Diagnose, die ihr der Arzt mitgeteilt hatte: Der Verschleiß ihrer Hüfte wäre so gravierend, daß ihr über kurz oder lang ein neues Hüftgelenk implantiert werden müsse. Die Schmerzen waren so belastend für sie, daß sie einer Operation zustimmte. Sie erbat sich bei ihrem Arzt aber noch Bedenkzeit, denn sie müsse sich erst darauf vorbereiten.

Und so stand sie vor mir und sagte: „Ich habe von Reflexzonen gelesen. Ich weiß, daß Sie das hier machen. Glauben Sie, wir können die Operation noch etwas hinauszögern? Ich fühle mich noch zu jung für eine neue Hüfte."

Ich saß ihr staunend gegenüber. Sie brachte ihre Äußerungen sehr bestimmt vor. Ich sagte: „Solche Dinge könnte ich weder erkennen noch versprechen, noch weiß ich von einer Hinhaltetechnik in den Reflexzonen …" – Sie schaute mich an und sagte: „Das muß gehen. Wir versuchen es einfach. Und außerdem: Ich kann mich ja zu jeder Zeit operieren lassen."

Sie setzte mich schachmatt mit ihrer Willensstärke und mit dem, was sie von mir verlangte. Letztendlich nahm ich die Herausforderung, die sie mir stellte, gerne an. Ich wußte mit Sicherheit, daß ich ihren Schmerz zumindest lindern könne.

Gesagt, getan. Die Patientin hielt jeden ihrer Termine pünktlichst ein. Sie war sogar so couragiert, daß sie mir unterbreitete: „Wissen Sie, da ich ja das alles selbst bezahlen und mit Sicherheit öfters zu Ihnen kommen muß, bis meine Schmerzen besser werden – wie sieht es da mit einem Preisrabatt aus?" Ich dachte nur: Wie wunderlich ist das Leben…

Die Mitarbeit der Patientin war umwerfend. Ihr eiserner Wille und unsere Hände waren so rührig, daß wir bereits nach fünf Wochen eine deutlich spürbare Schmerzlinderung erreicht hatten. Schließlich schaffte sie es, die Operation um acht Jahre zu verschieben. Bevor sie in die Klinik ging, sagte sie zu mir: „Sehen Sie: Und es geht doch!"

Die Operation ist bestens verlaufen. Ab und zu kommt sie an naßkalten Tagen zu ein paar Behandlungen. Wie sie sagt, täte das ihren Knochen gut … Tja, wie wundersam ist doch zuweilen das Leben.

Der Verschleißprozeß in ihren Hüften hatte seine Ursache in ihrer äußerst angespannten familiären Situation: Als Kriegerwitwe war sie gezwungen, alle ihre Kräfte zu mobilisieren, um sich und ihren vier Kindern ein lebenswertes Leben zu ermöglichen. Ihre Verwandtschaft jedoch unterdrückte in vielfacher Weise ihre Rührigkeit, so daß sie in ihrem natürlichen Bewegungsdrang eingeschränkt war. Denn man glaubte, sie sei nur noch von Ehrgeiz besessen, da sie es trotz unendlicher Widerstände sogar schaffte, einem Sohn das Studium zu finanzieren.

Ihr standhafter Geist brachte ihr schließlich gemäß ihrer Ausdrucksweise den geistig-seelischen Aspekt zu Bewußtsein: Sie wolle letztendlich nicht versteifen, auch wenn man ihr von der Außenwelt und ihrem Umfeld soufflierte, sie hätte ein starres Verhalten.

Sie resümierte mit dem für sie typischen Humor: „Sehen Sie, so hat mir der Krieg, obwohl er schon längst vorbei ist, noch seine Spuren hinterlassen: Rheuma, Gicht und Arthrose. Aber ich bin gesund!"

Welch starker Wille für ein zielstrebiges Vorwärtsschreiten auf dem Lebensweg!

Affirmationen:

Ich lebe jeden Schritt meines Lebens voll bewußt.
Ich bin völlig frei in meiner Bewegung.
Im Hüft- und Oberschenkelbereich manifestiert sich
    die Urkraft meines Seins.
Voller Freude schreite ich vorwärts in meiner Entwicklung.

Hypophyse

Die Hypophyse ist eine etwa kirschkerngroße Hormondrüse. Sie liegt zentral im Kopfbereich in einer sattelförmigen Knochenausbuchtung des Schädelknochens. Sie ist von großer Bedeutung für die meisten hormonellen Vorgänge im Körper und wird auch als Hirnanhangsdrüse bezeichnet.

Körperliche Störungen:

Tumor   Überfunktion
Unterfunktion

Zuordnung in den Fußreflexzonen:

An der Innenseite der großen Fußzehe befindet sich die Reflexzone, auf die die Hypophyse anspricht.

Geistig-seelischer Aspekt:

Als zentrale Steuereinheit kommt der Hypophyse eine besondere Bedeutung zu. Diese wird auch im geistig-seelischen Bereich deutlich, denn sie ist mit dem Begriff der Weisheit verbunden. Hier liegt die zentrale Instanz unseres Handelns und Tuns, das Gewissen – die Erleuchtung. Über den energetischen Bereich strahlt die Hypophyse bis in das Scheitelchakra aus, das sich über den Kopf hinaus nach oben ausdehnt.

Somit besteht auch eine Verbindung zu „himmlischen Sphären", das heißt zu Aspekten des Seins, die hinaufreichen bis in die Ebenen höherer geistiger Zusammenhänge und Strukturen. Hier, in der Schaltzentrale unseres Unterbewußtseins, finden wir die Antwort, wenn wir mit unserem Schicksal hadern. Denn hier liegt unsere Verbindung zum Ursprung, wie auch immer dieser in der Wortprägung der Gesellschaft benannt wird: Gott, Allah, Buddha, Natur oder Schöpfung.

Checkliste:

Wieso immer ich?
Weshalb bin ich voller Haß?
Was ließ meine Seele erstarren?
Was tötet mein Gefühl und blockiert meine Chakren?
Wo ist mein Lebensfluß unterbrochen?
Welchen Lebensauftrag weigere ich mich anzuerkennen?
Von wem lasse ich meinen Körper,
    meinen Geist und meine Seele mißbrauchen?

Fallbeispiel:

Einer Patientin, die weit weg von Frankfurt wohnte, zeigte ich die für sie wichtigsten Punkte zur Selbstmassage, denn sie konnte nicht immer in die Praxis kommen. Sie war bereit, den Schritt in die aktive Selbstheilung zu gehen, das heißt über die Beschäftigung mit sich selbst die körpereigenen Selbstheilungskräfte zu aktivieren. Bei ihr war ein Hypophysentumor diagnostiziert worden. Doch ich hörte die Patientin sagen: „Ich will keinen Tumor. Ich brauche keinen Tumor, und ich habe keinen Tumor!"

Nachdem ich sie dann nach vier Monaten wieder in meiner Praxis hatte, sah ich das Leuchten in ihren Augen. „Mein Arzt hat gar nichts mehr bei der Nachuntersuchung gefunden. Es ist alles weg. Meine Selbstheilung hat funktioniert. Ich habe jeden zweiten Tag massiert und viel Tee getrunken. Immer wenn mir eingefallen ist, daß ich einen Tumor habe, habe ich mir gesagt: ,Meine Hypophyse ist frei von Tumoren. Ich bin gesund!' Bestimmt hundert Mal am Tag."

Der Auslöser ihrer Krankheit im geistig-seelischen Bereich waren ungelöste Emotionen nach einer Vergewaltigung in ihrer Kindheit. Sie sagte mir, daß sie ganz besonders während der Massage immer daran dachte: „Wieso denn gerade ich?"

Und sie sagte: „Ob Sie es glauben oder nicht, plötzlich mußte ich lachen. Denn ich dachte, als ich wieder fragte: ,Wieso denn ich?' – ,Naja, weil kein anderes Mädchen da war!' Ist doch blöd, was man immer so denkt, oder?"

Nein! Es war der Schlüssel zur Annahme ihrer karmischen Situation. Sie konnte aufhören, nur noch zu grübeln und „Wieso ich?" zu fragen.

Die Beschäftigung mit sich selbst und ihr analytisches Nachdenken führten sie zu einer Erkenntnis, die ihr den Druck nahm, der auf ihrer Hypophyse lastete. Und diese Leichtigkeit ließ sie lachen.

Die Weisheit des Narrs: Leichtigkeit im Sein und doch tiefes Erkennen.

Affirmationen:

Ich bin voller Lebensfreude.
Mein Körper, mein Geist und meine Seele
    sind in vollkommener Harmonie.
Ich gehöre nur mir selbst.
Ich vertraue dem Weg meines Karmas.

Ischiaszone

Der Ischiasnerv reicht vom Lendenwirbelbereich über die Hüfte, die Beine entlang, bis in den Fuß hinein.

Körperliche Störung:

Ischiassyndrom   Ischialgie
    („Hexenschuß“,   (Ischias-Schmerzen)
    Ischias-Entzündung)

Zuordnung in den Fußreflexzonen:

Quer über die Fersen verläuft die Reflexzone, über die das Gebiet des Ischiasnervs erreicht werden kann.
    Die Zone beginnt an der Außenkante des rechten Fußes, verläuft dann über die Ferse zur Innenkante und setzt sich dann auf gleicher Höhe am linken Fuß fort, so daß sie an der linken Fußaußenkante endet.

Beim Abtasten und Massieren dieser Reflexzone findet man in der Mitte eine Vertiefung. Sobald jedoch eine Störung im Ischiasbereich vorliegt, ist links oder rechts davon eine Verhärtung zu fühlen. Diese ist dann durch kreisende Druckbewegung zurück in die Mitte zu massieren.

Geistig-seelischer Aspekt:

Als Verbindung zwischen Wirbelsäule, Hüfte und Bein steht der Ischiasbereich für die Umsetzung und Aufrichtigkeit des Lebens. Er rebelliert immer dann, wenn scheinheilige Ausflüchte gesucht oder vorgeschoben werden, um sich vor Herausforderungen zu drücken. In diesem Zusammenhang ist vor allem das krampfartige Festhalten an Zukunftsängsten und finanziellen Sorgen hervorzuheben.

Diese Gedankenformen werden anderen und vor allem sich selbst als Ausrede und scheinbarer Hinderungsgrund dargestellt, um den Schritt in eine anstehende Veränderung zu vermeiden.

Checkliste:

Welche krampfartigen Gedanken lassen mich erstarren?
Welche zwangsauferlegte Disziplin bringt mich zur Erstarrung?
Welche Unehrlichkeit brachte meine wahre Standhaftigkeit
    ins Wanken?
Wo lasse ich Unehrlichkeiten in meinem Leben zu?
Welche inneren Gedanken sind scheinheilig?

Fallbeispiel:

Nie werde ich vergessen können, wie ich aufgrund lauten Hupens vor unserer Praxis aus dem Fenster schaute und eine männliche Stimme mir entgegenschrie: „Endlich gucken Sie raus. Helfen Sie mir mal, ich komme nicht mehr aus dem Auto!" Ich machte wohl ein recht blödes Gesicht und überlegte, was das solle. Und so gab mir der Mann, den ich aus der Nachbarschaft kannte, eine ergänzende Erklärung: „Ich habe einen Hexenschuß, deshalb komme ich nicht mehr raus."

Also eilte ich zum Auto, kroch unter das Lenkrad, zog ihm Schuhe und Strümpfe aus und kam schließlich nach umständlichen Verrenkungen an seine Ischiaszone. Ich drückte und massierte so heftig, daß er mir laut schreiend zu verstehen gab, jetzt wär' s genug. Ich schaute unter dem Lenkrad auf und signalisierte ihm (und mir) durchzuhalten. Denn ich hatte schon eine recht bizarre Körperhaltung unter dem Lenkrad.

Dann hörte ich ihn tief durchatmen und sagen: „Eben läßt der Krampf nach. Ich glaub', jetzt komm' ich raus." Er winkelte sein Bein an, und siehe da: Der Krampf hatte sich gelöst.

Nach der so erfolgreich geleisteten Ersten Hilfe bat ich ihn, seinen Hausarzt aufzusuchen, um alles weitere Notwendige zu unternehmen. Später kam er dann in Behandlung, und wir konnten den geistig-seelischen Aspekt seiner Situation analysieren:

Er war erfolgreicher Börsenmakler, und er sah sich in seinem Arbeitsprozeß gezwungen, immer Sieger sein zu müssen.

Diese gedankliche Unfreiheit und sein extremes Leistungsverhalten hatten bei ihm ein extrem verkrampftes (Durch-)Stehvermögen zur Folge, was letztendlich zu dem Verschleiß im Ischiasbereich führte.

Wie immer boten sich auch für ihn die zwei Möglichkeiten, die zur Auswahl stehen, wenn man mit Herausforderungen des Lebens konfrontiert wird: entweder die Situation auflösen und beenden oder die eigene Einstellung dazu ändern und dadurch aufhören zu leiden.

Er wählte für sich den Weg, seinen Streß bewältigen zu lernen und sich nicht weiter selbst unter Druck zu setzen. Dazu gehörte es dann auch, die Signale des Körpers nicht länger aus fadenscheinigen Gründen zu unterdrücken, sondern auf sie zu hören und dem Körper die notwendigen Ruhe- und Entspannungspausen einzuräumen.

Affirmationen:

Ich stehe fest mit beiden Füßen in meinem Leben.
Ich vertraue den Impulsen meines Körpers, meines Geistes
    und meiner Seele.
Alle meine Nervenbahnen sind in harmonischem Fluß.
Positives Denken ist der Inhalt meines Lebens.
Ich bin in jeder Lage meines Lebens ehrlich zu mir selbst.

Kehlkopf

siehe „Brustbereich", „Lunge und Bronchien"

Keimdrüsen

Als neutraler Oberbegriff werden unter dieser Bezeichnung die geschlechtlichen Drüsen bei Mann und Frau zusammengefaßt. Dies sind die Eierstöcke der Frau und die Hoden des Mannes. Beide Drüsen haben sowohl eine innere Sekretion (Sexualhormone) als auch eine äußere (Eier bzw. Spermien).

Körperliche Störungen:

Fehlentwicklungen   Funktionsstörungen

105

Zuordnung in den Fußreflexzonen:

Die Keimdrüsen haben jeweils eine organbezogene Reflexzone, die unter den Einzelabschnitten „Eierstöcke und Eileiter" und „Hoden und Penis" beschrieben wird. In diesem separaten Abschnitt unter dem Oberbegriff „Keimdrüsen" geht es ganz speziell um die ergänzende Reflexzone, die bei funktionellen Störungen angesprochen werden kann.

Die Keimdrüsen in ihrem Endpunkt an der Ferse sind bei hormonellen Störungen und ganz besonders bei Kinderwunsch, Zyklusstörungen, Impotenz und Libidostörungen eine Reflexzone von zentraler Bedeutung bei der Akupressur.

Geistig-seelischer Aspekt:

Die Verleugnung des eigenen Körpers, speziell der Sexualität, führt im Bereich der Keimdrüsen zu Störungen und Belastungen. Beeinträchtigungen im eigenen Körpererleben entstehen dabei oft durch schwerwiegende Erlebnisse, die den geschlechtlichen Bereich körperlich, geistig und seelisch in seiner Sensibilität verletzt haben.

Es muß aber nicht zwingend der körperliche Vollzug stattgefunden haben. Auch Wunsch- und Phantasie-Gedankenformen von außen können sich bereits negativ manifestieren. Dadurch wird der Kreis, in dem die mögliche Quelle dieser Belastungen zu finden ist, wesentlich größer: Familie, Nachbarn, Bekannte und Freunde – auch die sogenannten Ex-Freundinnen und Ex-Freunde zählen dazu.

Auch wenn diese energetischen Verbindungen oft unbewußt „funktionieren", so können sie durch das Erkennen aufgelöst und umgewandelt werden. Nutzen Sie dazu das Energiebild oder die Schreibmeditation, wie sie im Kapitel „Die fünf Stufen der Selbstheilung" beschrieben werden.

106

Checkliste:

Welche Verkrampfungen lasse ich in meinem Schoß zu?
Welche Disharmonie akzeptiere ich in meinem Sexualbereich?
Was verstecke ich vor meiner Umwelt?
Welche Fremdeinflüsse lasse ich in mir wirken?
Wo bin ich unfrei in meinen Energien?

Fallbeispiel:

Nach der Operation einer Hodengeschwulst durften wir eine Zeitlang einen Patienten massieren, der glaubte, durch den fehlenden Hoden sei er seiner Manneskraft beraubt. In seiner Vorstellung glaubte er, er sei jetzt ein Eunuch. – Alles Beteuern der Ärzte half nichts. Er konnte diese Gedanken nicht verarbeiten. Er hatte schon vor der Operation Störungen im Sexualbereich, und so fühlte er sich in seiner Psyche als Mann nun vollkommen verunsichert.

Mit diesem Befund wurde er also in unserer Praxis vorstellig. Durch ein eigens für ihn entwickeltes Massageprogramm verbesserte sich seine körperliche Situation erheblich. Er konnte sich mehr und mehr entspannen, und schließlich verwickelte ich ihn in ein Gespräch über den geistig-seelischen Hintergrund seiner Erkrankung. Dabei stellte sich heraus, daß er seine 50 Lebensjahre nicht annehmen wollte. Er glaubte, mit 50 Jahren wäre alles vorbei. Außerdem hatte ihn seine Frau wohl schon immer unter Erfolgszwang gesetzt und vor allem jetzt schüchterte sie ihn damit ein, daß es bei einem nicht erlebten Orgasmus an ihm und seinem Alter läge – er würde wohl impotent.

Das Gespräch wurde nun sehr ernst und sehr tief. Er sagte: „Ich habe mir das viel zu lange angehört. – Bis ich Verkrampfungen im Hodenbereich spürte ... Waren die Gedanken meiner Frau vielleicht der Auslöser meiner Krankheit?"

Letztlich konnte man diese Frage nur offen im Raum stehen-lassen, doch die geistige Auseinandersetzung mit seiner Proble-matik half ihm dabei, seine Partnerschaft neu anzugehen. Er war Manns genug, in intensiven Gesprächen mit seiner Frau die Na-türlichkeit des Gefühls und der Sexualität in ihrer Ehe wiederzu-entdecken.

Die Nachuntersuchungen im medizinischen Bereich ergaben: keine weiteren Geschwulste mehr vorhanden.

Affirmationen:

Ich lebe meine Sexualität und die Liebe ohne Zwang.
Ich bin frei und ohne Krampf in meinen Entscheidungen.
Ich bin stabil in meiner Persönlichkeit als Frau / als Mann.
Ich bin ich selbst in meiner Lebensenergie.

Knie

Das Kniegelenk ermöglicht die Beugung der Beine. Durch Knie-scheibe, Menisken, verstärkende Kreuz- und Seitenbänder wird es in seiner Beweglichkeit sicher gehalten.

Körperliche Störungen:

Arthrose/Arthritis	Gelenksverrenkung
Gelenkszerrung	Knochenbruch
(Verstauchung)	Meniskusriß
Muskelriß	Muskelzerrung
Rheuma	Schleimbeutelentzündung
Sehnen-/Bänderriß	Sehnenscheidenentzündung

108

Zuordnung in den Fußreflexzonen:

Das Knie ist in der Reflexzone „Beinbereich" zu finden. Diese beginnt direkt nach dem fühlbaren Ende des Mittelfußknochens und reicht bis zum Fersenknochen. In dieser Richtung, das heißt vom Mittelfuß zur Ferse hin, wird diese Zone auch abgetastet und massiert. So spricht man direkt unterhalb des Mittelfußknochens zunächst das Knie an und geht dann reflektorisch über den Unterschenkel bis zum Fuß. Auch wenn die Störung innerhalb dieser Zone im Kniebereich lokalisiert werden kann, wird immer die gesamte Reflexzone vollständig massiert.

Geistig-seelischer Aspekt:

Die Knie symbolisieren das Wechselspiel von Standhaftigkeit und Beugungsfähigkeit, Standfestigkeit und Biegsamkeit. Es ist also die Waage zu halten zwischen elastischer Flexibilität und Durchsetzungsvermögen, ohne dabei in die Extremformen von Wankelmütigkeit beziehungsweise Sturheit und egoistischem Stolz zu verfallen. Aus seiner Funktion für die körperliche Fortbewegung ergibt sich auch der nächste Schritt ins Leben und dessen Meisterung.

In diesen Interpretationsansatz wird auch der Unterschenkel mit Schien- und Wadenbein einbezogen. (Nur die Anteile, die in das Fußgelenk eingebunden sind, gehören thematisch zum Fuß.) Nicht umsonst bekommt man im Sprichwort wohl „vors Schienbein getreten" – sicherlich soll man dadurch „in die Knie gezwungen werden".

Checkliste:

Was bringt mich in meinem Leben zum Wanken?
Wo reagiere ich unflexibel auf Neuerungen in meiner Umwelt?

Welche Ziele verfolge ich mit herzloser Sturheit?
Wo fehlt mir die Demut vor der Natur?
Wer will mich in die Knie zwingen?

Fallbeispiel:

Allgemein ist festzustellen, daß die meisten Störungen im Knie aus dem Bereich des Sportes kommen: nicht genügende Vorbereitung, kein Aufwärmen der Muskeln und Gelenke, Stürze, getretene und geschlagene Kniezonen, ausgerenkte Kniescheiben, überdehnte Kreuzbänder, Lymphstauungen in den Kniekehlen und vieles mehr … Das alles sind Folgeerscheinungen der klaffenden Lücke zwischen geistiger Vorstellungswelt und grobstofflicher Nachvollziehbarkeit, das heißt Folgen einer groben und fahrlässigen Überschätzung der eigenen Körperlichkeit.

Ein anderes Beispiel: Ein Jugendlicher, der von seiner Mutter gestützt zu uns in die Praxis gebracht wurde, hatte die Kniescheiben verletzt. Diese Verletzung resultierte aus der Konfrontation mit einer Gruppe Gleichaltriger: Eine Horde Jugendlicher überfiel ihn auf dem Weg von der Schule nach Hause. Sie stahlen ihm sein Geld, beraubten ihn seiner Jacke und wollten ihm, damit er nicht weglaufen konnte, die Knie zertreten. Glücklicherweise trafen ihn die Fußtritte nicht so hart, daß die Kniescheiben zertrümmert gewesen wären, aber die harten Schläge ließen seinen Kniebereich sehr stark und schmerzhaft anschwellen.

Über die Brutalität unserer Zeit möchten wir uns hier in diesem Buch nicht auslassen. Wie oft wird vergessen, daß des Menschen Würde unantastbar ist! Oft bleiben nur die eigenen Gedanken: Wieso? Wieso jeder *gegen* jeden? Statt alle, alle in Harmonie – jeder *für* jeden? Paradiesisch!

Haben wir nicht alle ein Recht auf ein Paradies? Ist die Natur nicht ein wunderschönes Paradies?

Diese Gedanken gehören zum Kniebereich. Denn dieser steht gleichnishaft für das Bekunden von Ehrfurcht, Verehrung und Demut vor etwas „Höherem", vor der Natur.

Das vorangegangene Beispiel des Überfalls der Jugendlichen auf den jungen Mann war Ausdruck der latenten Aggression in unserer Gesellschaft: Der junge Mann war „besser gekleidet" als sie und mußte demnach auch Geld in der Tasche haben. Die Denkweise des Auch-haben-Wollens verleitete die Jugendlichen zu diesem Gewaltakt.

Der Kommentar der Mutter, als sie ihren jugendlichen Sohn in die Praxis brachte, war: „Gott sei Dank, daß ihm nicht mehr passiert ist …!" – Ich konnte mich diesen Worten nur anschließen. Und doch weiß ich als beratender Therapeut, daß dieser von den Jugendlichen verübte Gewaltakt Ausdruck eines versteckten Hilferufs an die Gesellschaft ist, man möge sie beachten und ihnen Gehör schenken, ja, sie letzlich integrieren.

In diesem Vorgang ist der geistig-seelische Aspekt für den in der Rolle des Opfers erscheinenden jungen Mann sicherlich eine karmische Struktur, das heißt eine kausale Verflechtung mit vorangegangenen Lebenssituationen. Das mag an dieser Stelle vielleicht neu für Sie sein. Und doch soll dieser Gedanke mit Sicherheit keine bequeme Ausflucht sein, um eine zunächst unverständliche Begebenheit zu erklären. Gehen Sie hier einfach einmal in eine Gedankenwelt hinein, die an und über die Grenze führt, die die Grenzwissenschaft streift. Jedem ist freigestellt, die Vorstellung von vorangegangenen Leben anzunehmen und als für sich stimmig zu akzeptieren. Denn es kann nur jeder für sich selbst entscheiden, ob er sich in seinem Bewußtsein mit Reinkarnation auseinandersetzen möchte.

Unabhängig von diesen Reinkarnations-Überlegungen konnte der junge Mann seinen Seelenfrieden schließlich wiederfinden, nachdem er klarer erkannt und begriffen hatte, welche tiefenpsychologischen Zusammenhänge und ursächlichen Verknüpfungen dem ihm Geschehenen auf einer tieferen Ebene zugrunde lagen. So konnte er das Trauma des Auf-die-Knie-gezwungen-worden-Seins von einer größeren und weiteren Perspektive aus betrachten und seelisch verarbeiten.

Auf diese Weise gelang es ihm, den tieferen Sinn seiner erlittenen Verletzung zu verstehen, den anderen, ihm selbst und dem „Schicksal" zu verzeihen und alle negativen Gedankenformen aufzulösen – auch den Schock aus der Aura.

Erst dann wurden die Selbstheilungskräfte in ihrer vollen Wirksamkeit aktiv: Aus der feinstofflichen Form des Körpers, in der alle Organe stets unversehrt sind, konnten dann die Impulse zur Selbstheilung ungehindert einfließen, so daß er schließlich eine vollständige Gesundung erreichte.

Affirmationen:

Ich stehe in meinem Leben.
Ich bin flexibel in meinen Reaktionen.
Ich erkenne, wann und wo ich mich in Liebe und Demut
    verhalten soll.
Ich gehe gerade durchs Leben.
Ich reagiere spontan und situationsgerecht auf alle
    äußeren Herausforderungen.
Ich bin voll beweglich in all meinem Sein.

Leber

Die Leber liegt im rechten Oberbauch. Sie hat neben der Produktion von Gallensaft weitere Stoffwechselaufgaben und erfüllt gleichzeitig wichtige Entgiftungs- und Regulierungsfunktionen.

Körperliche Störungen:

Entzündung   Fettleber
Grieß- und Steinbildung   Ikterus (Gelbsucht)
Lebertumore   Leberzirrhose
Stauungsleber

Zuordnung in den Fußreflexzonen:

Am rechten Fuß ist die Reflexzone für die Leber zu finden. Innerhalb dieses recht großen Bereichs ist auch der Nervenendpunkt der Gallenblase zu finden (siehe hierzu auch den eigenen Abschnitt „Gallenblase").

Bei Störungen im System von Leber, Gallenwegen oder Gallenblase wird immer der gesamte Reflexzonenbereich von Leber und Gallenblase massiert.

Geistig-seelischer Aspekt:

Die Leber als Entgiftungszentrale unseres Körpers ist auch daran beteiligt, geistig-seelischen Abfall zu entsorgen. Das heißt: Hier werden alle negativen und belastenden Emotionen und Gedankenformen umgewandelt und neutralisiert, so daß sie dann losgelassen werden können.

Alle Aggressionen, Haß, Wut und Zorn finden ihre Rückwirkung in der Leber, bis sie über die Galle entsorgt werden!

Wenn also „eine Laus über die Leber gelaufen ist", dann beschreibt diese bildhafte Aussage des Volksmundes einen Vorgang feinstofflicher Natur: Eine Negativform ist noch nicht ganz verarbeitet, so daß man sich selbst noch in Wut und Rage befindet und sich schlecht fühlt. Auch ewiges Kritisieren und Nörgeln können dann Auswirkungen dieser unbewältigten Vergangenheit sein.

Checkliste:

Wo lasse ich mich von Wut und Haß zerfressen?
Wo zersetze ich mein Leben durch Wut und Aggression?
Welche Betäubung suche ich, um mein Leben zu verschönen?
Was will ich nicht anschauen?
Wo bin ich unfähig, mein Leben selbst in die Hand zu nehmen?
An welcher negativen Situation meiner Vergangenheit
halte ich fest?

Fallbeispiel:

Die Leber hat ein außerordentlich hohes Regenerationsvermögen und spricht sehr gut auf die Behandlung über die Fußreflexzonen an. So konnten wir einer Frau helfen, deren Leberfunktion durch überhöhten Alkoholkonsum zu 70% eingeschränkt war. Dieser extrem hohe Wert war schon an der Grenze der Lebensfähigkeit.

Als sich dann bei einer Kontrolluntersuchung die Werte zum ersten Mal besserten, können Sie sich sicherlich vorstellen, liebe Leser, wie ungeheuer motiviert diese Patientin ihre weiteren Termine bei uns einhielt. Ihre eigene Freude über den Erfolg, die wir nur bestärken und beflügeln konnten, aktivierte sie so, daß die Fehlfunktion der Leber zum Schluß der Behandlung nur noch 30% betrug. Sie sagte: „Damit kann ich leben. Auch mein Professor sagt mir das."

Ich bestätigte ihr dies aus meinen eigenen Erfahrungswerten, fühlte mich aber verpflichtet, ihr eindringlich ins Gewissen zu reden, indem ich klar und unmißverständlich äußerte: „Es hilft aber nichts, wenn wir massieren und Sie weiter saufen!" Mitten in ihrem Entzugsprozeß nahm ich mir das Recht heraus, ihr in aller Deutlichkeit zu sagen, daß sie das Laster des übermäßigen Alkoholgenusses nun ein für allemal beenden müsse: „Denn es ist sehr selten, daß man kurz vor dem Ende noch einmal so eine

Chance bekommt, sein Leben in die Hand zu nehmen und den Weg des Älterwerdens zu gehen!"

Bis heute, worüber ich wirklich sehr glücklich bin, hat sie es geschafft, „trocken" zu bleiben. Ab und zu telefonieren wir noch miteinander, und sie sagt dann: „Wenn ich schwach werde, gehe ich wieder in die Kreise der Selbsthilfegruppen, zu den Anonymen Alkoholikern. Denn die Angst, so jung zu sterben, ist doch größer als die Lust am Genuß oder die Sucht, wieder zum Alkohol zu greifen."

Sie hat für sich erkannt, weshalb sie dieser Sucht nach Alkohol verfallen war, und setzte all ihre Kraft und Stärke ein, ihre disharmonische Ehe wieder ins Lot zu bringen. In den Gesprächen, die ich mit ihr führte, bezeichnete sie ihren Mann als eifersüchtigen Tyrannen, der ihr nicht einmal erlauben würde, eine Kreditkarte zu besitzen. Sie gestand mir auch: „Ich weiß noch nicht einmal, wie man richtig einen Scheck ausfüllt, geschweige denn läßt mich mein Mann auf die Sparkasse gehen, wo das kleine Erbteil meiner Mutter angelegt ist."

Sie ging noch weiter in ihrer Offenbarung: „Er beschimpft mich, ich wäre zu dumm und zu blöde dazu." Das ging so weit, bis er sich letztendlich bei einem großen Wortwechsel, dem sogenannten Ehestreit, verplapperte, daß er den größten Teil der Erbschaft für andere Dinge angelegt hätte. „Ich fühle mich entmündigt, ich komme nicht dagegen an. Ich habe solche Seelenqualen. Und dann habe ich sie betäubt mit Alkohol. Immer wieder mit Alkohol."

Sie hatte ein kleines Bistro, und so war es leicht für sie, an den Alkohol zu kommen. Sie brauchte eine lange Zeit, um zu erkennen, daß es fast zu spät war.

Ihr Sohn, der sie zur Großmutter werden ließ, war der Beweggrund ihrer Selbstkritik, denn sie wollte ihr Enkelkind noch erleben. Und so begann ihre innere Wandlung, indem sie sich ehrlich sich selbst stellte und ihr Suchtproblem anschaute. Dies war der erste Schritt zu ihrem Heilungsprozeß. Sie erkannte, daß sie sich nicht für ihren Mann und sein unfreies Sein opfern müsse, daß sie trotz ihrer Ehe ein Recht auf innere Freiheit habe und diese holte sie sich Schritt für Schritt zurück.

Affirmationen:

Alles in mir ist ausgeglichen.
Ich bin in vollkommener Harmonie mit meinen Organen.
Ich bin frei in meinem Sein.
Ich lebe mein Leben mit Liebe und Freude.
Mein Körper ist rein, seine Zellen sind gesund.

Leber und Gallenblase

Diese beiden Organbereiche im rechten Oberbauch sind biologisch sehr eng miteinander verknüpft. Zur differenzierten Darstellung finden Sie jedoch in diesem Buch einen Einzelabschnitt zum Thema „Gallenblase" und einen separaten Abschnitt zum Thema „Leber".

Leistenkanalzone

Der Leistenkanal verbindet durch die Bauchwand hindurch zwischen dem Inneren der Bauchhöhle und der Schamgegend. In diesem Kanal liegen bei der Frau Fettgewebe und das runde Mutterband, beim Mann die Samenstränge.

Körperliche Störungen:

Entzündung	Leistenbruch
Lymphknotenerkrankungen	Zerrung

Zuordnung in den Fußreflexzonen:

Die zugeordnete Reflexzone liegt auf dem Fußrücken, etwa einen Daumen breit vor dem tastbaren Mittelfußknochen. Sie beginnt an der Außenkante des rechten Fußes, verläuft über den Fußrücken, setzt sich dann an der Innenkante des linken Fußes fort und endet an dessen Außenkante. Beim Abtasten und Massieren der Leistenkanalzone wird immer in dieser Richtung gearbeitet. Dabei ist darauf zu achten, mit dem Daumen nicht einfach quer über die Sehnen und Knochen zu rutschen, sondern immer dazwischen in die Tiefe zu gehen.

Geistig-seelischer Aspekt:

Die Durchlässigkeit, das Kanal-Sein und die Beugung in der Leiste sind Themen dieses Bereichs. Liegt eine Überdehnung, eine Überbeanspruchung vor, kommt es zum Leistenbruch – zu einem Bruch in Beziehungen oder zu einem Abbruch der eigenen Kreativität. Man hat sich dann in seinen Kräften überschätzt und sich „verhoben".

Checkliste:

Wo habe ich den Fluß meines Lebens unterbunden?
Wo weigere ich mich, Veränderungen zuzulassen?
Wieso habe ich mir die Lebensenergie abgeklemmt?
Wo habe ich die Standfestigkeit in meinem Sein abgeschnürt?
Welcher Lebensbereich überfordert meine Kräfte?

Fallbeispiel:

Vor sehr langer Zeit landete ein Postbote in unserer Praxis, der sich jammernd über Leistenschmerzen beklagte. Er erklärte mir, daß seine Tasche immer schwerer würde. Und da es für Briefkästen generell keine Norm gäbe, in welcher Höhe sie zu hängen hätten, wäre er ständig damit beschäftigt, sich zu bücken und wieder zu strecken – immer mit der Tasche am Hals. „Sicher, es sollen jetzt fahrbare Taschen eingeführt werden ... " Und so redeten wir weiter über Erleichterungen am Arbeitsplatz.

Nach mehreren Behandlungen kam er eines Tages und sagte zu mir: „Stellen Sie sich vor, ich hatte plötzlich die Idee, mir ein Fahrrad von meiner Dienststelle zu nehmen, das eigentlich schon immer für mich bereitstand. Ich habe es bisher immer als zu umständlich betrachtet. Doch unsere Gespräche haben mich dazu animiert, es einfach einmal auszuprobieren. Und außerdem: Die Schmerzen sind schon lange nicht mehr so schlimm, und ich bin sehr froh darüber. Ich glaube, ein bißchen haben die Reflexzonen auch geholfen."

Ich dachte: Ganz egal, was letztendlich geholfen hat, Hauptsache, er hat den Schritt zur Änderung seiner Einstellung getan. Durch seine Neuorientierung verlor er die Angst davor, einen Leistenbruch zu bekommen und berufsunfähig zu werden. Zwar mußte er sich eingestehen, bereits berufsmüde zu sein, doch wollte er die Jahre bis zur Pensionierung noch durchhalten, und so entschied er sich, mit der Zeit zu gehen.

Affirmationen:

Ich lasse den Fluß meines Lebens frei.
Die Bewegung zu meinem Lebensziel ist voller Harmonie.
Ich lebe positiv mit dem Fortschritt der Zeit.
Ich setze meine Kräfte sinnvoll ein.

Luftröhre

siehe „Brustbereich", „Lunge und Bronchien"

Lunge und Bronchien

Die Atemluft wird über beide Stammbronchien und die weiteren Verzweigungen der Bronchien bis in die kleinen Lungenbläschen geführt, wo dann der lebensnotwendige Gasaustausch stattfindet:
Das Kohlendioxid, das das Blut aus dem Körper mitbringt, wird abgegeben und statt dessen Sauerstoff ins Blut aufgenommen, der dann dem Körper über den Blutkreislauf wieder zugeführt wird. Die Atmung ist als Vitalfunktion eine Grundvoraussetzung für das Leben.

Körperliche Störungen:

Asthma
Bronchiektasen (Erweiterung der Bronchialäste)
falsche oder flache Atmung
Keuchhusten
Lungenabszeß
Lungenembolie
Lungenemphysem (Überdehnung)
Lungeninfarkt
Pleuritis (Brustfellentzündung)
Rippenbruch
Belastungen durch Rauchen, Narkose, Abgase u. a.
Bronchitis
Husten
Krupp/Pseudo-Krupp
Lungen-/Bronchial-Karzinom
Lungenentzündung
Lungenfibrose
Lungenödem
Pneumothorax
Tuberkulose

Zuordnung in den Fußreflexzonen:

Die Lunge und das weitverzweigte System der Bronchien liegen in einer recht großen Reflexzone jeweils im äußeren Bereich der Fußsohlen. Diese Reflexzone beginnt direkt unter dem Grundgelenk des kleinen Zehs und reicht von dort nach unten bis etwa zum Ende des Mittelfußes.

Da die Zone recht breit ist, wird in mehreren, nebeneinanderliegenden Bahnen jeweils unterhalb des kleinen Zehs beginnend nach unten abgetastet und massiert.

Geistig-seelischer Aspekt:

Die Atmung ist absolute Voraussetzung für die (Über-)Lebensfähigkeit. Die Atemorgane sind dadurch gekoppelt an unsere geistig-seelische Einstellung zum Leben: Lebenswille, Lebensbereitschaft oder aber Lebensverneinung ... Oft tauchen hier auch Themen auf, die mit Trauer und Depression gekoppelt sind: erdrückender, erstickender Schmerz oder auch den Platz zum Atmen nehmende Liebe. Daher gehören die Rippen (Reflexzone „Brustbereich") ebenfalls in diesen Themenbereich, denn sie gewährleisten wie ein Schutzschild die Abgrenzung des eigenen Lebensraumes nach außen.

Da die Atemluft auch an der Stimmbildung beteiligt ist, wirken sich beispielsweise auch unterdrückte, „erstickte" Schreie auf den Bereich von Lunge und Bronchien aus.

Wenn der innere, geistig-seelische Druck nicht nach außen entweichen kann, sucht er sich körperliche Wege, um auf sich aufmerksam zu machen. So sind auch Luftröhre und Kehlkopf (Reflexzone „Brustbereich") mit dieser Thematik verknüpft: Hier zeigen sich Ängste, etwas auszudrücken, und Hemmungen, die eigene Kreativität umzusetzen, so daß der Fluß des Lebens unterdrückt wird.

Checkliste:

Wer nimmt mir die Luft?
Wo erkenne ich, wer mir meinen Atem nimmt?
Welche negativen Denkweisen beengen meinen Luftraum?
Welche Situation erdrückt mich?
Welche innere Regung unterdrücke ich?

Fallbeispiel:

Viel zu oft noch erkranken ganz besonders Kinder an Lungenentzündung und Bronchitis. Mütter machen sich dann Vorwürfe,
ihre Kinder nicht richtig gekleidet oder anderen Extremen aus-
gesetzt zu haben.

Doch die Bereitschaft, speziell in diesem Organbereich zu erkranken, ist über den geistig-seelischen Aspekt auch bei Kindern
vorhanden: Das immerwährende Schreien oder Weinen eines
Kindes stärkt nicht seine Lungen, wie oft irrtümlich verbreitet
wird. Für ein Kind, das sich noch nicht über die Sprache ausdrücken kann, ist das Schreien oft die einzige Möglichkeit, auf
sich aufmerksam zu machen.

Oft ist es ein Signal fehlender Liebe, Wärme und Geborgenheit – da kann auch unsere heutige schnellebige Zeit nicht als
Entschuldigung angeführt werden nach dem Motto: „Ich liebe
mein Kind, doch ich habe kaum Zeit. – Ich bin so froh, daß es
jetzt in den Kindergarten geht. Denn ich denke mir: Wenn ich
mein Kind materiell gut versorge, kann es mir dies doch nicht
übelnehmen…"

An dieser Stelle sei allen Mamas und Papas dringend ans Herz
gelegt: Bitte, lernt wieder umzudenken – gebt Euren Kindern
Wärme und Geborgenheit, damit sie nicht frieren müssen, damit
sich kein Frust in den noch kindlichen Lungen und Bronchien
festsetzt und ihnen die Lust zum Atmen nicht vergeht.

Mit diesem Wandel im Bewußtsein konnten wir vielen Eltern mit sogenannten „Sorgenkindern" helfen: Die Kinder mußten die Krankheit nicht mehr als Mittel benutzen, um Aufmerksamkeit zu erhalten, sondern konnten sich frei und gesund entfalten.

Sollten Sie aber in einem Gefühlstrauma stecken, das Ihnen jegliche Lust am Leben und damit zum Atmen genommen hat, so empfehlen wir Ihnen innezuhalten, Ihr Umfeld anzuschauen und zu erkennen: Es lohnt sich zu atmen! Denn das Atmen gehört zu unserem Leben. Niemand braucht es sich gefallen zu lassen, daß es seinen Atemorganen, Lunge und Bronchien, „den Atem verschlägt" und sie krank werden.

Wie paradiesisch könnte das Leben sein! Und wenn wir es nicht ganz schaffen auf dieser Erde – ein bißchen für dich, ein bißchen für mich ...

Atmung ist Leben! Und trotz des Waldsterbens in unserer Natur, trotz aller Verseuchung der Luft gibt es immer noch Blumen, die duften, und Bäume, die uns ihren Sauerstoff zur Verfügung stellen – man muß es nur sehen. Der Blick in die Natur ist für viele oft der einzige Weg, doch noch einen Sinn für sich selbst zu erkennen, Kraft und Harmonie darin zu finden für das eigene Lebensumfeld.

Jeder Erwachsene hat die Freiheit, sich der Vorbildfunktion für sein Umfeld zu erinnern und sich bewußtzumachen, daß das Leben in seiner unendlichen Fülle ihn trägt: „Alles steht mir zu. Ich atme in absoluter Freiheit lichtvoll ein und aus. Und ich trage dafür Sorge, daß meine Atmung in völliger Harmonie mit der Einheit von Körper, Geist und Seele ist. Mein Atem bringt mich lebenserhaltend in Schwung."

Ein wunderbares Rezept zur Atmung: Singen Sie einmal laut und fröhlich, pfeifen Sie laut und fröhlich. Und wenn Ihre Umwelt meint, das wäre ruhestörend, so wandern Sie zu einem ungestörten Ort, und wundern Sie sich nicht, wenn Sie laut singend oder pfeifend eine Antwort bekommen durch Vogelgezwitscher oder das Rauschen des Waldes.

Affirmationen:

Ich bin frei in allen Atemvorgängen.
Meine Atmung ist der Sauerstoff meines Lebens.
Ich atme frei über meine Grenzen hinaus.
Ich lasse den Fluß des Atems frei fließen in alle Ebenen
    meines Seins.

Lymphe

Die Lymphe entsteht aus der Gewebeflüssigkeit, wird über die Lymphgefäße gesammelt und dem Blut zugeführt. Das lymphatische System mit den zahlreichen Lymphknoten hat wichtige Aufgaben bei der Immunabwehr und der Entsorgung des Körpers von Stoffwechselschlacken und Giftstoffen.

Körperliche Störungen:

Entzündung	Infektionskrankheiten
Lymphödem	(z. B. Pfeiffersches
Morbus Hodgkin	Drüsenfieber)

Zuordnung in den Fußreflexzonen:

Die Lymphknoten und -bahnen sind über die Reflexzonen der jeweiligen Körperbereiche, in denen sie verlaufen, erreichbar. Lediglich die Milz hat als „größter Lymphknoten" eine eigene Zone.

123

Mit sanfter Massagetechnik kann zusätzlich der Lymphfluß über die Lymphbahnen um den Fußknöchel herum reflektorisch angeregt werden. Dabei verläuft eine Bahn jeweils links und rechts *hinter* dem Knöchel in dem weichen Gewebe vor der Achillessehne und weitere Bahnen *vor* dem Knöchel im Bogen nach oben und etwas das Schienbein herauf.

Genauso kann zusätzlich über die Lymphgebiete auf dem Fußrücken (in der Abbildung auf Seite 210 f. mit Doppelpfeil gekennzeichnet) der Lymphfluß aktiviert werden.

Geistig-seelischer Aspekt:

Die Lymphe stellt die Verbindung zur Feinstofflichkeit dar, das heißt zur sensiblen Wahrnehmung über den Gefühlsbereich. Diese bündelt sich zentral im System der Energiefelder, den Chakren, die den Zustand der inneren Harmonie widerspiegeln und die Antriebsräder der Lebensenergie darstellen. In Situationen, in denen diese Sensibilität unterdrückt wird, kommt der Lymphfluß zum Stocken, und körperliche Reaktionen werden sichtbar.

Checkliste:

Wo bin ich in meinem Leben nicht im Fluß?
Wo stecke ich fest in meiner Bewegung?
Wo lasse ich kraft meiner Gedanken keinen Fortschritt zu?
Welche Gefühlswelt blockiert meinen inneren Fluß?
Wieso lehne ich meine Sensibilität und Feinfühligkeit ab?

Fallbeispiel:

Ein sehr anschauliches Beispiel stellt die Patientin dar, die immer wieder einen vereiterten Tränenkanal produzierte. Die individuell ausgearbeiteten Massageprogramme zielten aber nicht nur auf die Reflexzone der Augen, sondern auch auf die Lymphbahnen um den Fußknöchel.

Und hier, im lymphatischen System ihres Körpers, lag der Schlüssel zur Heilung: Die nicht geweinten Tränen und die nicht gelebten Gefühle blockierten ihre Sensibilität. – Sie hatte sich in die Rolle einer nur noch mechanisch funktionierenden Person drängen lassen und ihre eigene Persönlichkeit dabei verleugnet.

Nachdem sie die geistig-seelischen Ursachen ihrer Apathie erkannt hatte, klangen ihre körperlichen Symptome nach und nach ab.

Zu lymphatischen Reaktionen gehört im Einsatz der Reflexzonen manchmal eine sogenannte Erstverschlimmerung, die über den Darm oder auch die Schleimhäute in der Nase abläuft. So kann zum Beispiel ein ganz einfacher Schnupfen erst einmal so richtig „aufblühen", um dann aber um so schneller abzuheilen, ohne Spuren in den Nasennebenhöhlen oder im Ohrbereich zu hinterlassen. Den Schnupfen kann man als Reinigung betrachten, als Reinigung von Dingen, von denen man im Volksmund „die Nase voll hat".

Der Lymphfluß ist auch bei vielen Beschwerden im Unterleib unliebsam beteiligt. Sowohl bei Frauen als auch bei Männern ist dann die Lymphe in den Leisten blockiert und signalisiert, daß der Gefühlsbereich der Sexualität mit Themen konfrontiert, die zur Zeit (bewußt oder unbewußt) ausgeschlossen werden möchten. Doch der Körper reagiert auf jegliche Verkrampfung und gibt entsprechende Signale: ziehende Schmerzen, ein Druck in der Lymphbahn, gestaute Beine und so weiter.

Es ist also ein Trugschluß, sich vor einer Auseinandersetzung mit den Herausforderungen des Lebens drücken zu können – der Körper wird mit immer stärkeren und schwerwiegenderen Symptomen darauf hinweisen, daß hier etwas bewußt angeschaut werden sollte.

125

Affirmationen:

Ich mache mir bewußt, daß der lymphatische Bereich
  die Verbindung zu meiner Feinstofflichkeit herstellt.
Ich mache mir bewußt: Ich bin im Strom des Lebens.
Ich erkenne, daß mich jeder Schritt meines Seins
  in meiner Entwicklung weiterbringt.
Ich akzeptiere meine Feinfühligkeit und nutze sie
  für ein lichtvolles Sein.
Mein Alltag wird reich, indem ich ihn mit meinem Gefühl
  und in der harmonischen Einheit
  von Körper, Geist und Seele lebe.

Magen

Der Magen ist Sammelort für die aufgenommene Nahrung, die
ihm über die Speiseröhre zugeleitet wird. Hier wird sie durch die
Muskelbewegungen weiter zerkleinert und mit Verdauungssäften
vermischt, die auf die Aufnahme der Nährstoffe im Darmbereich
vorbereiten.

Körperliche Störungen:

Gastritis (Magenschleim- hautentzündung)	Hiatushernie
Magenkrämpfe	Magengeschwür
Ösophagitis	Magenkarzinom
Schluckauf	Reizmagen
Übersäuerung	Sodbrennen
Völlegefühl	Varizen

Zuordnung in den Fußreflexzonen:

Wie aus der Gesamtabbildung ersichtlich, liegt die Reflexzone für den Magen an der Innenseite der Fußsohle. Dabei ist der Mageneingang am rechten Fuß zu finden, der Magenausgang am linken. Die Reflexzone ist jeweils recht breit, so daß in mehreren, nebeneinanderliegenden Bahnen von oben nach unten abgetastet und massiert werden muß.

Geistig-seelischer Aspekt:

Der Magen muß alles, aber auch alles in unserem Leben verdauen. Er ist die „Vor"-Verarbeitungsstelle jeglicher Nahrung für Körper, Geist und Seele. Unser Magen wird vom nervalen Sonnengeflecht gestreift, und energetisch ist der Magen über das Nabelchakra in die Aufnahme jeglicher Einflüsse von außen eingebunden. So erklärt sich seine manchmal streßbelastete Situation.

Der Weg zum Magen führt über die Speiseröhre, so daß diese thematisch ebenfalls in diesen Prozeß eingebunden ist.

Wir können darauf achten, daß uns das, was uns im Leben negativ begegnet, nicht in und auf den Magen schlägt und darin wie ein Kloß verweilt, bis wir die Lebenssituation verdaut haben.

Sicherlich ist dies nicht immer einfach. Denn oft geht die Belastbarkeitsgrenze des Körpers noch weit über Magengeschwüre hinaus ... Aber haben wir das nötig?

Wer hat das Recht, uns so viel Negatives überzustülpen, daß unser Organbereich von Magen und Speiseröhre sich sogar krümmen oder zusammenziehen möchte?

Deshalb sehe ich es als ganz besonders wichtig an, das Leben, sich selbst und die Umwelt mit liebevollen Augen zu betrachten und in der Aufnahme von Speisen, grobstofflicher oder geistiger Art, sehr wohl abzuwägen: Was kann ich mir und meinem Magen zumuten, ohne daß es belastend auf mein Sein wirkt?

Denn bei allem, was außerhalb meiner eigenen Körperschwingung liegt, habe ich die freie Entscheidung, es aufzunehmen, um mich dann damit auseinanderzusetzen. Und nichts zwingt mich dazu, etwas Negatives aufzunehmen! Die Natur nötigt uns nicht, den Unrat des Lebens für sie zu verdauen. Wir sind kraft unserer Gedanken Herr unserer Sinne, und wir sollten in der Lage sein, uns von nichts, aber auch von gar nichts negativ tangieren und beeinflussen zu lassen.

Jegliche Magensymptomatik bedeutet eine Verkrampfung der Gedankenwelt – oft ausgelöst durch Angst vor etwas Neuem oder vor der Peinlichkeit des Versagens.

Demgegenüber gewinnen Sie durch eine Haltung innerer Gelassenheit Kraft und Stärke, um zu erkennen, daß Sie nur für sich selbst verantwortlich sind – auch bezüglich der Verdauung in dieser Jetzt-Lebensstruktur.

Checkliste:

Welchen Unrat des Lebens nehme ich als Speise
    in meinen Magen auf?
Wieso fühle ich mich übersatt?
Wo finde ich meine Ziele und Wertschätzungen
    in meiner Jetzt-Lebensform?
Wieso lasse ich andere meine Körperfunktionen mißbrauchen?
Welches Gedankengut trage ich unverdaut mit mir herum?

Fallbeispiel:

Hier dürfen wir Ihnen zunächst ein allgemeines Analysebeispiel von den sogenannten „Dicken" der Gesellschaft bringen, denen leider viel zu oft und zu schnell nachgesagt wird, daß ihr Problem in der Freßsucht liege: Die karmischen Aufgaben des Lebens, das man sich ausgesucht hat, können von manchen mit all ihren Herausforderungen nicht immer ausreichend schnell verarbeitet und verdaut werden. So legen sich viele einen äußeren Panzer zu, den man dann mit dem hübschen Wort „adipös" umschreibt – andere tendieren zur in Magersucht.

Der Magen in seiner Aufnahmebereitschaft (sei es für Essen, feinstoffliche Schwingungen oder Gedankenkräfte) ist ein absoluter Sensor. Wie bedauerlich, wenn der Weg des Erkennens so lang dauert, daß sogar zerstörerische Zellen den Magen zerfressen können. Eben bis man erkennt, daß der Magen uns in seiner Funktion eine Sensibilität nahebringt und zur Verfügung stellt, die ohnegleichen ist und die wir nur zu nutzen brauchen.

So hatten wir einen Patienten, dessen Neigung zu Magengeschwüren für ihn selbst schon unerträglich war. Er neigte stark zu geistigen „Verdauungsstörungen", indem er an unverdautem Gedankengut krampfhaft festhielt. Über die Reflexzonen konnte das Organgebiet des Magens aktiviert werden. Bei guter Durchblutung fühlte es sich dann warm und wohlig an – genau der gegenteilige Zustand dessen, der gedanklich immer wieder bei diesem Patienten herrschte. – Doch durch dieses angenehme Körpergefühl konnte er schließlich dann auch geistig loslassen.

Er kam zu der Erkenntnis, daß ihm seine Partnerschaft so schwer im Magen lag: Er hatte sich bisher nicht entscheiden können, ein klärendes Gespräch mit seiner Partnerin zu führen. Obwohl ihre Zweisamkeit dort angekommen war, wo man ihren Fortbestand überdenken sollte – die Auseinandersetzungen gingen, wie man sagt, „bereits unter die Gürtellinie".

Eine persönliche Meinung brachte ihn zum Nachdenken: Das Dogma legt uns nahe, eine Partnerschaft erst durch den Tod als getrennt zu betrachten. Doch wäre es nicht viel sinnvoller, bereits dann eine Trennung zu vollziehen, wenn der Tod der Gefühle eingetroffen ist? – Manches Magenproblem könnte sich bei dieser Freiheitserkenntnis von alleine auflösen...

Affirmationen:

Kraft meiner Gedanken kontrolliere ich den Zugang
und den Ausgang meiner Nahrung.
Ich bin in harmonischem Gleichgewicht mit allem,
was mir begegnet.
Ich verdaue alle Herausforderungen meines Lebens,
das ich selbst gewählt habe.

Mandeln

Im Rachenbereich bildet der lymphatische Abwehrring eine wichtige Schutzinstanz vor eindringenden Krankheitserregern. Dieses Abwehrsystem besteht aus den lymphatischen Seitensträngen, Rachen-, Gaumen- und Zungenmandeln.

Körperliche Störungen:

Angina   Tonsillitis

Zuordnung in den Fußreflexzonen:

Den gesamten Abwehrkomplex im Rachen erreicht man über die Zonen am Grundgelenk des großen Zehs auf dem Fußrücken.

Geistig-seelischer Aspekt:

Die Mandeln sind quasi die Hürde, die der Körper den von außen eindringenden Krankheitserregern in den Weg legt. Doch in Schwächesituationen sind sie auch die Eintrittspforte dafür. Und nichts kann eine Persönlichkeit so schwächen wie das Gefühl der Einsamkeit, des Unverstandenseins und völliger Isolation – vor allem als Kind. Die aufgestaute Wut darüber wird im Keim erstickt und wütet dann latent im Organbereich des Rachens. Da ein Schrei womöglich die Umwelt noch mehr von mir fernhalten würde, führt dies zur Unterdrückung und Verdrängung – und damit schließt sich der Kreis immer wiederkehrender körperlicher Störungen.

Ein harmonischer Zustand der Mandeln erfordert es, sich flexibel den äußeren Erfordernissen anpassen zu können, um in der Gesellschaft Anklang zu finden. Denn manchmal ist es eher notwendig, „mit den Wölfen zu heulen", als „gegen den Strom zu schwimmen". Durch diesen Schritt gelingt es mir zu vermeiden, daß sich zerstörerische Kräfte in mir ausbreiten. Und doch behalte ich mein Selbstwertgefühl: Ich bin!

Checkliste:

Wieso bin ich bereit, die Signale des Nicht-angenommen-Werdens für mich gelten zu lassen?
Wieso erkenne ich nicht in meinen pubertären Phasen, daß die sogenannte Erwachsenenwelt mir kein Gesprächspartner ist?
Weshalb werde ich so oft alleine gelassen, daß es mir die Sprache verschlägt?
Wer nimmt mir mein Selbstwertgefühl?

Fallbeispiel:

Vor vielen Jahren setzte mich eine Lehrerin in Erstaunen, als ich während eines Seminars von ihr mit recht heiserer Stimme unterbrochen wurde: Sie hätte nun alles durchprobiert, einschließlich aller Antibiotika, auf die sie inzwischen nicht mehr ansprach. „Sie glauben doch nicht im Ernst, mir zusichern zu können, daß jetzt

Reflexzonen noch helfen können." Ich erwiderte: „Ich will Ihnen weder noch. – Doch wenn Sie schon so viel probiert haben und jetzt rein zufällig in diesem Seminar der alternativen Heilmethode sitzen, dann versuchen Sie es doch einmal…"

Der Blick, den sie mir zuwarf, war ein einziges Fragezeichen. Ich empfahl ihr, sich von ihrer Freundin, die mit in dem Seminar war, eine Chakra-Energie-Massage geben zu lassen. (Das ist die spezielle, von uns zur Vertiefung angewandte Behandlungsform, die auf der klassischen Fußreflexzonenkunde basiert, darüber hinaus aber über die Energiefelder intensiv auf geistig-seelische Bereiche einwirkt.)

Denn ich erkannte, daß sie nicht nur körperliche Schmerzen hatte. Durch ihre Körpersprache signalisierte sie auch: „Es hängt mir alles zum Hals heraus!" (eine sprichwörtliche Redewendung, die sehr treffend den Überdruß veranschaulicht).

Da das Seminar zwei Tage dauerte und sie mir am ersten Tag ihre Frage gestellt hatte, konnte ich am anderen Tag erste Reaktionen hören: Erstaunlicherweise war die Skepsis der Teilnehmerin einer wahren Euphorie gewichen. Denn siehe da: Als sie von ihrer Freundin massiert wurde, wodurch sich ihre Energiefelder aktivierten, erzählte sie dieser, daß sie sich als Lehrerin von ihrer Klasse nicht angenommen fühle, daß letztendlich sogar die ganze Schule gegen sie wäre. Ihre Freundin sagte: „Sie erzählte und erzählte! Bis sie plötzlich merkte, daß sie nicht mehr heiser war. Ihre Stimme wurde immer klarer …" Und sie schloß: „Wir waren und sind total geplättet!"

Was war geschehen? Dadurch, daß sie endlich einmal entspannt über ihre belastende Lebenssituation sprechen konnte, löste sich die Verkrampfung in ihrem Rachenbereich. Und so zeigten sich die ersten Signale der beginnenden Selbstheilung.

Manchmal ist etwas so einfach, daß man es schier nicht glauben möchte: Eine gute Durchblutung sendet Signale der Entspannung an Körper, Geist und Seele.

132

Affirmationen:

Ich nehme die Herausforderung des Lebens an,
und ich bin der Meister meines Seins.
Ich bin das Sprachrohr meiner Seele, indem ich mich frei
in meinen Gedanken bewege.
Ich begrüße liebevoll alles,
was mir in meinem Leben begegnet.
Ich lebe in einer Gesellschaft,
in der ich meine persönliche Freiheit entfalten kann.

Milz

Die Milz liegt im linken Oberbauch, hinter dem Magen und in
der Nähe des Zwerchfells. Sie gleicht einem etwa handgroßen
Schwamm und gehört zum lymphatischen System. Von der Blut-
versorgung her ist das Organ jedoch an das Verdauungssystem
angegliedert.

Zu den Aufgaben der Milz gehört die Infektabwehr und die
Filterung des Blutes von überalterten Blutkörperchen. Außerdem
wirkt sie als Eisen- und Blutspeicher.

Körperliche Störungen:

Überfunktion   Schwellung

Zuordnung in den Fußreflexzonen:

Am linken Fuß findet man die Reflexzone der Milz: An der Fußsohle, etwas in Richtung Außenkante, ist sie rund zu ertasten.

133

Geistig-seelischer Aspekt:

Das Organ der Milz ist an ein Energiefeld gekoppelt, das vom geistig-seelischen Aspekt her mit dem Glauben verbunden ist. Gemeint ist damit der Glaube an sich selbst, an die Natur, die Schöpfung und das Leben. Frei von dogmatischen Zwangsvorstellungen sind darin auch spirituelle Themen einbegriffen.

Checkliste:

Welcher Lebensfrust hält mich gefangen?
Weshalb trage ich die Bereitschaft, Bakterien und Viren
 in mir wüten zu lassen?
Was nagt an meinem Selbstvertrauen?
Wo nutze ich die vorgespielte Rolle des leidenden Opfers,
 um meine Umwelt zu kontrollieren?

Fallbeispiel:

Bei Migräne-Patienten konnten wir immer wieder feststellen, daß die körperliche Aktivierung der Milz und die geistig-seelische Auseinandersetzung mit den Themen Glaube und Selbstsicherheit sich positiv auf den Heilungsprozeß auswirkte.

Sie können sicher gut nachvollziehen, daß sich jemand eine Migräne zulegt, um der Familien- oder Alltagssituation zu entfliehen, und dann die Haltung einer Diva oder auch eines Paschas einnimmt … So konnten wir beobachten, daß eine Ehefrau im Winter immer fürchterlich unter Kopfschmerzen litt. Sie führte es auf das kalte Klima zurück. Im Sommer jedoch ging es ihr bei der angenehmen Wärme viel besser. Ursächlich dafür war jedoch der Umstand, daß der Ehemann bei schönem Wetter seine Leidenschaft für Gartentätigkeiten auslebte und daher nur noch draußen war – so hatte sie im Haus ihre Ruhe.

134

Der Schlüssel zur Heilung war die Erkenntnis, daß sie ihrem Mann mitteilen mußte, wann sie Ruhe und Zurückgezogenheit nötig hatte. – Weshalb sie allerdings regelmäßig einen solchen, zusätzlichen Abstand in ihrem Eheleben benötigte, ist eine ganz andere Geschichte …

Bei Migräne liegt oft ein Mechanismus zugrunde, der zu krampfartigen Zuständen voller Zweifel an der Welt, der Umgebung und sich selbst führt. Das Loslassen und Entspannen im Energiefeld der Milz gibt dann den notwendigen Freiraum in unserer Gedankenwelt, um zu erkennen, daß wir, nur wir selbst, für unser Glück verantwortlich sind! Und nur wir selbst können durch unsere innere Bereitschaft, verbunden mit dem Glauben an uns selbst, des Alltags Last bewältigen. Also im Klartext: Der Glaube an uns selbst läßt uns Berge versetzen.

Affirmationen:

Ich lasse alles los, was mich belastet und verletzt
  in meinem Glauben an mich selbst.
Meine Milz aktiviert die Vitalität meines Körpers und strahlt
  wohltuende Wärme aus.
Kraft meiner energetischen Zentren bin ich in der Lage,
  alle Herausforderungen meines Lebens zu bewältigen.

Nacken und erster Halswirbel

Nacken und Halswirbel tragen den Kopf. Der erste Halswirbel wird auch „Atlas" genannt und ermöglicht die Nick- und Seitwärtsbewegungen des Kopfes. Die Nackenmuskulatur schützt und stützt den Bereich der Halswirbelsäule.

Körperliche Störungen:

Arthrose/Arthritis	Gelenksverrenkung
Gelenkszerrung	Knochenbruch
(Verstauchung)	Muskelriß
Muskelzerrung	Nackensteifigkeit
Rheuma	Schleudertrauma
Sehnen-/Bänderriß	Wirbelverletzungen

Zuordnung in den Fußreflexzonen:

Den Nackenbereich findet man an der Basis der großen Fußzehe auf der Fußsohlenseite. Die Zone wird jeweils in nebeneinanderliegenden Bahnen von der Außenkante nach innen abgetastet und massiert, wobei innerhalb einer Bahn immer von unten in Richtung Zehe gearbeitet wird.

Ganz innen, im Raum zwischen den beiden ersten Fußzehen, kann am großen Zeh der erste Halswirbel oft sehr deutlich ertastet werden: Wie eine kleine Erbse, die unter dem Daumendruck wegspringt, fühlt er sich an. Die übrigen Halswirbel gehören zur Reflexzone „Wirbelsäule".

Geistig-seelischer Aspekt:

Nacken und Halswirbel ermöglichen dem Kopf seine Beweglichkeit. Und genau dieses Thema der flexiblen Reaktion, der Umsetzung und Gewandtheit ist diesem Bereich zugeordnet. Er ist quasi die Fortführung unserer Sprungkraft über die Wirbelsäule, um den nächsten Schritt in voller Ganzheit zu tun, und wirkt wie der Dreh- und Angelpunkt für die aufrechte Haltung in allen Bewegungsabläufen. Wir können damit unsere Haltung (nicht nur rein körperlich) in diesem Magnetfeld der Erde immer begradigen und aufrichten.

Oft wird versucht, durch gewaltvolle Eingriffe den Atlas zu zerstören beziehungsweise, brutaler ausgedrückt, das Genick zu brechen. Dies ist bitte symbolhaft zu verstehen, denn wie leicht sind Worte in der Lage, einem Menschen das Stehvermögen zu rauben und ihn innerlich zu zerbrechen.

Checkliste:

Welche Last des Lebens trage ich unerkannt
in meinem Nackenbereich?
Welche Lebenssituation läßt mich nicht aufrecht gehen?
Welcher Schmerz beugt meine Haltung?
Wer will mir das Genick brechen?
Wo riskiere ich Kopf und Kragen?

Fallbeispiel:

Eine etwas ältere Patientin, die immer nach dem Aufstehen über einen steifen Ring- und Mittelfinger klagte und melodramatisch hinzufügte: „An meinen Füßen beziehungsweise an den Fußzehen habe ich genau dasselbe", konnte trotz zahlreicher Methoden, die sie ausprobiert hatte, nicht herausfinden, woran das lag. Als sie zu uns in die Praxis kam, war es schon so schlimm, daß sie einen schwankenden Gang hatte, denn sie konnte den Fuß nicht mehr richtig abrollen.

Als wir über die Reflexzonen herausgefunden hatten, daß die Ursache ihres Problems im Nackenbereich zu lokalisieren sei, war sie völlig konsterniert und wollte es nicht glauben. Ich bat sie, um ihrer Gesundung willen diese alternative Methode der Selbstheilung einfach auszuprobieren. Denn es ist manchmal sehr schwer, einem Menschen begreiflich zu machen, daß seine Schmerzzustände ein sehr einfaches Auslösemoment haben. Dazu kam noch, wie sie mir gestand, daß sie beim Einschlafen meh-

rere Kopfkissen brauchte, morgens aber immer wach würde und
dann abgeknickt und versteift neben den Kissen läge.

Nach der ersten Durchblutungsmassage empfand sie bereits
ein Wärmegefühl. Kopfschüttelnd verließ sie nach dieser ersten
Behandlung die Praxis. Pünktlichst erschien sie zu allen weiteren
Terminen. Wir konnten die körperliche Durchblutung aktivieren, baten sie aber gleichzeitig, ihr Federkopfkissen eventuell zu
verdünnen oder zu verkleinern.

Es war für uns sehr amüsant zu beobachten, wie diese alte
Dame rosige Wangen bekam, wenn man sie später darauf ansprach, ob sie noch Taubheitsgefühle in Fingern und Füßen hätte, und zu hören, mit welch eifrig verneinenden Worten sie dann
antwortete ...

Die Ursache ihrer Symptomatik lag aber darin, daß sie ihren
Alterungsprozeß nicht akzeptieren wollte. Sie hegte die latente
Angst, daß sie im Schlaf ersticken könne. Und sie glaubte, wenn
sie flach liege, könne die Zunge im Schlaf unbemerkt nach hinten fallen und zum Erstickungstod führen. Deshalb wählte sie die
hohe Bettkonstruktion für ihren Schlaf. Ihre nächtlichen Angst-
nöte waren letztendlich aber auf ein traumatisches Kriegserlebnis
zurückzuführen: Sie war nach einem Bombenangriff verschüttet
worden und wurde erst nach vielen Stunden gerettet – dem Ersticken bereits nahe.

Affirmationen:

Ich gehe erhobenen Hauptes, alles liebevoll schauend,
    durch mein Leben.
Ich bin frei von allem Zwang, den Erdenball auf meinem
    Rücken tragen zu müssen, denn jeder ist für sich selbst
    verantwortlich.
Ich nehme alle meine Emotionen an und stärke
    meine Geradlinigkeit durch lichtvolle Energien der Natur.

Ich gehe aufrecht durchs Leben und beuge mich
in Liebe und Demut vor der Allmacht der Schöpfung.

Nägel

Die Finger- und Zehennägel sind von der Haut gebildete Horn-
platten. Sie zählen wie die Haare zu den sogenannten Anhangsorganen der Haut. Ihre Aufgabe ist der Schutz der Finger- und
Fußspitzen. An den Fingern bieten sie bei Tastvorgängen einen
Gegendruck, so daß der Tastsinn hilfreich unterstützt wird.

Körperliche Störungen:

Deformierungen	„Nägelkauen"
Nagelbettentzündungen	Nagelverlust
Pilzerkrankungen	Wachstumsstörungen

Zuordnung in den Fußreflexzonen:

Der eigentliche Nagel als nervlose Hornplatte kann reflektorisch
nicht erreicht werden. Aber da die Versorgung der Nägel über
diejenigen Blutgefäße von Händen und Füßen erfolgt, die jeweils
bis zum Nagelbett reichen, kann über die Reflexzonen „Armbereich" und „Beinbereich" zumindest eine indirekte Unterstützung erreicht werden.

Die körperliche Ursache für Nagelstörungen ist dabei immer
in anderen Organbereichen zu finden. Die Verknüpfung der Nägel mit anderen Erkrankungen ermöglicht es sogar, entsprechende Hinweise auf das Vorliegen innerer Krankheiten zu gewinnen,
was seit Jahrtausenden als Diagnoseverfahren genutzt wird.

Geistig-seelischer Aspekt:

Die Nägel bieten Schutz und Stabilität. In Situationen, wo diese Eigenschaften durch innere Belastungen ins Schwanken geraten, werden die Nägel beansprucht. Von der körperlichen Ebene der Mangelversorgung mit Nährstoffen geht das in den geistig-seelischen Bereich von Streß, Konflikten und Ängsten.

Das vegetative Nervensystem reagiert darauf, so daß mancher unwillkürlich am Fingernagel kaut. Sich selbst verzehrend, ist dies eine Fehlreaktion auf Überforderungen aus der Umwelt: Elternhaus, Schule, Beruf, Partnerschaft, Verwandtschaft ... Vertrauen Sie Ihrer inneren Stabilität, und Sie werden alle Situationen meistern!

Checkliste:

Welche Gedankenformen nagen an meinem Nervenkostüm?
In welchen Situationen werde ich unsicher und verliere
    mein Selbstvertrauen?
Wem gegenüber zeige ich Trotz und Abwehr?
Welche Symptome meines Körpers unterdrücke ich,
    so daß sie an meinen Nägeln sichtbar werden müssen?
Wer urteilt negativ über mein äußeres Erscheinungsbild?
In welcher Lebenssituation fühle ich mich unwohl
    in meiner Haut?

Fallbeispiel:

Die Nägel werden von vielen Erkrankungen in Mitleidenschaft gezogen. Vor allem der Verdauungsbereich hat einen großen Einfluß auf sie. Daneben spielt auch der Solarplexus als reflektorisches Zentrum des vegetativen Nervensystems eine zentrale Rolle, wie das nachfolgende Fallbeispiel illustriert:

Eine junge Bankkauffrau wickelte in ihrer Bankfiliale den Zahlungsverkehr ab. Sie disponierte die Aufträge ihrer Kunden und mußte dafür Sorge tragen, daß alles ordnungsgemäß aufbereitet war. Die Verbuchung der Belege erfolgte nämlich in der Zentrale. Pünktlich zur festgelegten Uhrzeit kam jeden Vormittag ein Bote, um die Belege abzuholen. Und genau darin lag ihr Problem: Der Termindruck lastete so stark auf ihr, daß sie regelmäßig bereits vor dem offiziellen Beginn ihrer Arbeitszeit an ihrem Platz saß, um auf jeden Fall rechtzeitig fertig zu sein. Ihr Pflichtbewußtsein ließ sie ihr Frühstück vergessen und auch den üblichen Bürokaffee erst nach der Belegübergabe genießen. Ihr vegetatives Nervensystem reagierte auf diese täglich wiederkehrende Streßsituation mit chronischer Erschöpfung, und ihre Fingernägel waren ständig abgekaut.

Während der Behandlungstermine lernte sie allmählich, sich zu entspannen. Sie erkannte recht bald ihren urlaubsreifen Zustand, doch der Schlüssel zu ihrer Selbstheilung fand sich erst, als sie ihren Erfolgszwang analysieren konnte. Die Angst zu versagen stammte aus ihrer Schulzeit. Ihre Eltern hatten sie immer deutlich spüren lassen, wenn die Notenleistungen nicht ihren Vorstellungen entsprachen. So trainierte sie sich ein leistungsorientiertes Verhaltensmuster an, um allen Strafen und jedem Liebesentzug zu entgehen. Ihr Denkmuster war: „Bringe ich keine gute Leistung, werde ich nicht geliebt."

In vielen Gesprächen konnten wir sie schließlich zu einer vertieften Selbsterkenntnis führen. Sie vermochte sich von ihrem inneren Zwang zu befreien, indem sie ihren Eltern verzieh: „Sie wollten ja nur mein Bestes. Und schließlich profitiere ich ja auch heute von dem fleißigen Lernen. Aber ich weiß jetzt, daß man auch Fehler machen darf."

Wie der „Zufall" es wollte, half ihr folgendes Erlebnis beim Loslassen ihrer Anspannung und der Angewohnheit, vor lauter Streß an den Nägeln zu kauen: An einem Tag im Winter geschah es tatsächlich einmal, daß der Bote nicht kommen konnte. Ein starker Schnee-Einbruch brachte alles durcheinander. Und obwohl alle Zahlungsaufträge einen ganzen Tag lang liegenbleiben mußten, kündigte kein einziger Kunde aus Unzufriedenheit sein Konto. – Zufall oder Fügung…?

Affirmationen:

Ich vertraue der Wahrnehmung meines Körpers
    und seiner Signale und setze sie
    in mein Verhalten um.
Mit meiner inneren Stärke bewältige ich
    jede Lebenssituation.
Meiner Umwelt zeige ich liebevolles Mitgefühl.
Meine Nägel sind Spiegelbild meiner inneren
    Harmonie und Schönheit.
Ich lebe aus der Mitte meines Seins heraus.

Nase und Nasennebenhöhlen

Zu diesem Komplex, der die Aufgabe hat, die Atemluft zu säubern, anzufeuchten und anzuwärmen, gehören der äußere Anteil der Nase, die Nasenhöhle und deren Nebenhöhlen. Dies sind die jeweils paarig angelegten Stirn-, Kiefer- und Keilbeinhöhlen und die Siebbeinzellen. Ferner bestehen Verbindungen zum Tränennasengang, zum Rachen und zum Mittelohr. Dieses System von mit Schleimhaut ausgekleideten Hohlräumen wirkt wie ein Resonanzkörper beim Sprechen und Singen. Über die Riechschleimhaut am Dach der Nasenhöhle erfolgt außerdem eine „geruchliche Prüfung" der Atemluft.

Körperliche Störungen:

Nebenhöhlenentzündung	Polypen
Schnupfen	Tumore

Zuordnung in den Fußreflexzonen:

An der Seitenkante des großen Zehs liegt die Reflexzone für Nase, Nasenhöhle und Stirnhöhlen. Über die Kuppen der kleinen Zehen erreicht man reflektorisch ebenfalls Bereiche der Stirnhöhlen und zusätzlich die weiteren Nebenhöhlen.

Die Massagerichtung in körperorientierten Behandlungsprogrammen ist am großen Zeh immer von oben nach unten, das heißt in Richtung Grundgelenk. Die kleinen Zehen werden nacheinander von der äußeren kleinen Zehe nach innen abgetastet und massiert.

Im Behandlungsprogramm der Chakra-Energie-Massage wird bei diesen Zonen etwas anders verfahren: Das Stirnchakra öffnet sich nach außen und oben, so daß bei energetischen Massagen immer unten an der Seite der Großzehe begonnen wird und von dort in sanft kreisender Bewegung nach oben bis *über* die Kuppe (Reflexzone „Oberkopf") der großen Zehe massiert wird. Dann wird neu angesetzt und wieder in durchgehenden, kreisenden Bewegungen von unten die Seite der Großzehe bis nach oben über die Kuppe massiert. Nur im Bedarfsfall, falls im Stirnchakra besonders starke Blockierungen vorliegen, werden die Kuppen der kleinen Zehen mit einbezogen.

Geistig-seelischer Aspekt:

Der Stirn- und Nasenbereich: der Weg der Luft als Nahrung für unseren Körper – Energie und Kraft als Nahrung für unseren Geist. Denken und Entspannen agieren hier in einem Wechsel-

143

spiel. Denn wie oft ist eine Anspannung sichtbar als Denkerstirn. Dann sind die Stirnfalten der Gedanken loszulassen, der Kieferbereich muß von festgebissenen Gedanken befreit werden, und der Nase ist Freiheit zum Ein- und Ausatmen zu geben.

Die Ursache für alle diese Störungen liegt in den geformten Gedanken. Denn dieser ganze Bereich des Gesichtsschädels steht mit dem Energiefeld des Stirnchakras in Verbindung. Es ist der „Sender" im Chakrensystem: Der Sender ist universell. Nirgendwo sind ihm Grenzen gesetzt, seine Reichweite durchdringt Zeit und Raum. „Die Gedanken sind frei!"

Und alles, was wir kraft unserer Gedanken formen, empfangen wir selbst zuerst. Alle Gedanken sind zunächst in unserem eigenen Bewußtsein, in unserem eigenen Schwingungsbereich und werden dann über den Sender nach außen weitergegeben. So hinterläßt also jede Gedankenform in uns selbst ihre Spur. Erkennen Sie darin die Chance? Wir entscheiden doch selbst, was wir denken!

So wie uns manche Gedanken beflügeln, drücken andere auf unsere Stimmung. Körperlich wird im Nasen- und Nebenhöhlenbereich vor allem Aggression gegen sich selbst und nahestehende Personen deutlich. Denn hier werden die bohrenden, negativen Gedanken gar nicht erst ausgesandt und offen ausgesprochen, sondern richten sich mit aller Kraft direkt gegen den Denkenden. Auch alle anderen Gedanken, die nicht nach außen gelassen werden, suchen hier einen Weg, sich zu zeigen: unterdrücktes Weinen, erstickte Hilferufe und Situationen, von denen man einfach „die Nase voll hat".

Erkennen, aufarbeiten, verzeihen und loslassen ist der Weg in die Selbstheilung. So werden Sie frei in Ihrer Gedankenkraft und können diese immer gezielter und bewußter einsetzen.

Sie können dann das Stirnchakra, das auch als Drittes Auge bezeichnet wird, als Sender für lichtvolle Energien einsetzen, um beispielsweise das gedanklich gebündelte Energiepotential an erkrankte Organ- und Körperteile zu senden. Senden Sie als Transformator in Verbundenheit mit den universellen Energien unseres Seins einen heilenden Strahl der Selbstheilung. Genauer betrachtet fließt bei diesem Vorgang ein Energiestrahl aus Ihrem Dritten Auge in den grobstofflichen Körper.

Machen Sie sich dabei immer bewußt: Senden und Empfangen sind eins! Das, was Sie kraft Ihrer Gedanken formen, empfangen Sie selbst zuerst in Ihrer eigenen Struktur, einstrahlend in Körper, Geist und Seele.

Deshalb versuchen Sie in Ihrem Alltag stets den Weg des Lichts zu gehen: Sie können alles Negative, was auch immer auf Sie einströmt, in positive Schwingungen umwandeln.

Sie dürfen sich selbst dann auch loben! Denn oft sind wir sehr einsam, wenn wir in unserer Wertstellung etwas Gutes getan haben und niemand es wahrnimmt. – Nutzen Sie Ihre Gedankenkraft, und sagen Sie sich selbst: „Ich bin eine fabelhafte Frau, ein fabelhafter Mann."

Wer kann das Gegenteil beweisen? – Loben Sie sich, belohnen Sie sich selbst, leben Sie einen gesunden Egoismus, der sich in diesem energetischen Bereich unserer Stirn formt und sammelt und der Selbstheilung optimal dazu dient, Lebensfreude zu finden.

Checkliste:

Was halte ich krampfhaft in meinen Gedankenformen fest?
Was unterbindet meinen Fluß im Stirn-, Kiefer- und
    Nasenbereich?
Weshalb lasse ich Wut und Aggression in meinem Senden
    und Empfangen zu?
Von welcher Situation in meinem Umfeld habe ich
    die Nase voll?
Welchen Unrat meiner Gedanken kann ich nicht verzeihen?

Fallbeispiel:

Ein Patient bezeichnete sein Leiden als einen „chronischen Heuschnupfen". Sicherlich war dies für ihn mit vielen unangenehmen Begleiterscheinungen verbunden, doch bat ich ihn, einmal über den Tellerrand seines Leidens hinauszuschauen: „Auf was reagieren Sie allergisch in Ihrem Leben?"

Selbstverständlich setzte ich voraus, daß die unendliche Vielzahl möglicher Allergieauslöser fachärztlich bereits ausgetestet worden sei. Doch wenn, wie in diesem Fall, alle Untersuchungen durchgeführt worden sind und kein spezifisches Allergen festgestellt werden konnte, so muß die Wahrscheinlichkeit, daß überhaupt ein chronischer Heuschnupfen vorhanden ist, stark angezweifelt werden. Dann wird es Zeit (und dies ist Voraussetzung in der alternativen Heilmethode), sich selbst einmal näher zu analysieren.

So fand der Patient schnell sein Problemfeld heraus: Er konnte seinen Arbeitskollegen „nicht riechen" und reagierte innerlich aggressiv auf alles, was dieser tat. Die gedankliche Umwandlung dieser Struktur war seine Hilfe zur Selbsthilfe. Er stellte fest, daß er neidisch war auf die bessere Ausbildung, Begabung und Arbeitsleistung des Kollegen. Mit diesen Erkenntnissen wandelte er die Situation um, indem er sich überwand, den Kollegen um Hilfe zu bitten. Dadurch entspannte sich die Situation, und schließlich profitierten beide davon.

Die negativ ausgesandten Gedanken arbeitete er damit für sich auf, so daß sie sich nicht mehr gegen ihn selbst und seinen Körper richteten.

Ein anderer Patient, der auf Birkenbäume stark allergisch reagierte, fand sich in unserer Praxis ein. Die Birke bereitete ihm schon beim bloßen Erwähnen des Wortes eine verschnupfte Nase. Unsere Arbeit begann. Vielleicht glauben Sie bei der Schilde-

146

rung dieses Falls, daß es ein glücklicher Zufall war. – Nein! Wenn man alle körperlichen Störungen unter tiefenpsychologischen Gesichtspunkten betrachtet, findet man immer die wahre Ursache!

Jedenfalls litt dieser junge Mann unter Haarausfall und hatte bereits mit 30 Jahren eine sogenannte Halbglatze. Seelisch litt er sehr darunter, denn er konnte sich mit der Tatsache des Haarausfalls nicht abfinden. Er fühlte sich vom Leben betrogen und von der Umwelt schlecht behandelt.

„Rein zufällig" fragte ich ihn, ob er Birkenwasser benutzt hätte. Seine Antwort war: „Das war meine ganze Hoffnung, daß ich den Haarausfall stoppen kann. Hat auch nichts geholfen!" Aber die Bedeutung seines Haarausfalls ging für mich an diesem Punkt weiter, ja fast bis in Reinkarnationsgedanken hinein.

So wiederholte ich einfach seine Aussage, daß das Birkenwasser seine ganze Hoffnung gewesen sei. Er reagierte darauf absolut heftig mit einem geflügelten Wort: „Sch…, sagen Sie jetzt nur nicht, daß das Birkenwasser der Auslöser für meine Allergie gegen den Birkenbaum ist!" – Und doch war diese Erkenntnis der Schlüssel zur Aktivierung seiner Selbstheilungskräfte, und bald schwanden seine allergischen Symptome. Da die Birke ihn immer wieder unbewußt an seinen verzweifelten Kampf gegen den Haarausfall erinnerte, reagierte er so lange auf sie allergisch, bis er sich mit seinem äußeren Erscheinungsbild ausgesöhnt hatte.

Liebe Leser, lassen wir im Raum stehen, welche karmischen Strukturen und Gedankenmuster uns in solchen Situationen übel mitspielen mögen. Doch herausfordernde Lebensstrukturen vermehren unsere Erkenntnis auf dem Weg ins innere und äußere Reichsein: Klar und rein denkend und atmend, vermag ich mir bewußt zu werden, daß mir alles aus der Natur in reichem Maße zur Verfügung steht.

Und da dieser Körperbereich mit dem Stirnchakra, dem Zentrum unserer Gedankenkraft, verknüpft ist, so erlauben wir uns

147

an dieser Stelle auch einmal, ein paar Worte an die Vertreter der Medien, speziell der Nachrichtensender und Fernsehprogramme, zu richten: Wenn Sie zufällig den sicherlich wohlgemeinten Rat der Medien zur Kenntnis nehmen und den „Bio-Wetterbericht" hören, denken Sie doch bitte einmal weiter! Keiner hat wohl bislang die psychosomatische Beeinflußbarkeit der einzelnen Individuen analysiert, die von diesen Medienbotschaften erreicht werden.

Wie oft hören wir dann in der Praxis: „Im Radio, im Fernsehen haben sie im Bio-Wetterbericht gesagt, daß die Strömungen so und so sind ... Kein Wunder, daß ich heute wieder diese Migräne habe oder die und die Störungsbereiche in meinem Körper vorliegen."

Überdenken Sie doch bitte einmal, welche Möglichkeiten es statt dessen gibt, positive Gedanken über den Äther zu senden!

Genauso sei hier angemerkt, daß Wortprägungen ebenfalls Gedankenkraft sind und den Menschen „prägen". Machen Sie dazu einmal persönlich folgenden Test. Sagen Sie zu sich selbst: „Ich muß in ein Krankenhaus", und spüren Sie, wie Ihre Körperenergie sofort abnimmt und dahinschwindet.

So, und jetzt sagen Sie sich bitte: „Ich gehe in eine Gesundheitsklinik!" – Spüren Sie, wie Sie dieses Wort beflügelt? Vermittelt das nicht sofort die ermutigende Hoffnung, Gesundheit in einem solchen Gesundheitszentrum erlangen zu können?

Sollten Sie sich momentan mit irgendeinem Leidensbild herumplagen und in eine solche wichtige Institution gehen müssen, halten Sie jetzt inne und formen Sie für sich einen neuen Namen, eine neue Bezeichnung, die Ihnen den Aufenthalt gleich positiv und lichtvoll vermittelt. Dies ist nicht einfach ein naiver, psychologischer Trick, sondern die Bitte und hilfreiche Erkenntnis, kraft der Gedanken alle wundersamen Heilenergien zur Selbstheilung freizusetzen.

Vielleicht wird sich dieser Gedanke irgendwann durchsetzen, und es erfolgt generell eine Umbenennung in Gesundheitshaus, Heilhaus, Heilstation oder Genesungsstation. Und vielleicht hätten es dann die vielen Ärzte und Heilgehilfen leichter, vieles wäre kostensparender, die Heilvorgänge würden beschleunigt und so weiter…

Diese Kraft der Gedanken steht uns frei zur Verfügung, sie ist vollkommen kostenlos, denn sie ist Energie in eine lichtvolle Form der Selbstheilung gebracht. – Bitte denken Sie ihre eigene persönliche Freiheit in diesem Gesundheitssystem einmal weiter.

Dies könnte doch ein Weg, eine Hilfe zur Selbstheilung sein, oder?

Affirmationen:

Ich bin im Fluß meines Lebens,
  ich bin frei im Senden und Empfangen
  und durchdringe Zeit und Raum.
Ich betrachte die Süße des Lebens als Lohn
  für meine Weiterentwicklung im Sein.
Liebevolle Gedanken sind die Weiterentwicklung
  meines Seins.
Ich sehe der inneren und äußeren Welt mit meinem
  Dritten Auge liebevoll entgegen.

Nebenniere

Die Nebennieren liegen den oberen Polen der beiden Nieren auf. Sie sind in das hormonelle Geschehen im Körper eingebunden. Man unterscheidet Nebennierenrinde und Nebennierenmark.

149

Körperliche Störungen:

Überfunktion (z. B. Morbus Cushing, Conn-Syndrom, Phäochromozytom)	Unterfunktion (z. B. Morbus Addison)

Zuordnung in den Fußreflexzonen:

Wie das Organ im Körper, so liegt auch die Reflexzone der Nebenniere direkt oberhalb der Niere. Auch wenn eine körperliche Störung ihr Zentrum in den Nebennieren hat, so wird immer der gesamte Bereich zusammen mit Niere, Harnleiter und Blase (in dieser Reihenfolge) abgetastet und massiert.

Geistig-seelischer Aspekt:

Da das Organ unterschiedlichste Hormone produziert, wird es von vielen Themenbereichen tangiert. Dazu zählen Aspekte der Niere wie Partnerschaft und Gefühlsleben (Mineralokortikoide), Themen der Bauchspeicheldrüse wie die „Süße des Lebens" (Glukokortikoide), Aspekte wie Streß und Schock (Adrenalin, Noradrenalin) und auch Bereiche der Sexualität (Androgene). So können sich also vier unterschiedliche Lebensbereiche als Störfeld auf die Nebenniere auswirken.

Das jeweils vorliegende Problemfeld wird deutlich bei Betrachtung der körperlichen Symptome und der weiteren belasteten Organe, was beispielsweise über das genaue Abtasten aller Reflexzonenendpunkte leicht erreicht werden kann.

Checkliste:

Wo unterbinde ich meine Lebensfreude und Weiterentwicklung?

150

Wo nehme ich mich nicht an?
Welche Angst hält mich zurück, den Veränderungen
  des Lebens eine Chance zu geben?

Fallbeispiel:

Hormone als Botenstoffe haben wichtige Funktionen im Zusammenhang mit dem Zellauf- und -abbau. Entgleisungen im Haushalt der Geschlechtshormone haben ihre Ursache in fehlgesteuerten Gedanken im Energiefeld des Wurzelchakras durch die Nichtakzeptanz der eigenen Sexualität.

So geschah es in einem Praxisfall, daß ein Mädchen die Veränderungen seines Körpers während der Pubertät nicht annehmen wollte. Diese Problematik zeigte sich dann in Äußerungen wie: „Ich will nicht erwachsen werden, ich will weder männlich noch weiblich werden, ich will überhaupt nichts, ich will am liebsten wieder zurück…"

Der Organbereich der Nebenniere reagierte auf diese Gedankenformen und begann zu schrumpfen und sich zu verkleinern – die weitere körperliche Entwicklung stagnierte.

Durch das aufmerksame Elternhaus, das die Äußerungen des Mädchens registrierte, konnte rechtzeitig die vorliegende Angst vor dem Neuen aufgearbeitet werden, vor allem die Angst, durch diese Veränderungen des Körpers die Liebe der Eltern zu verlieren.

Sie können kraft der Gedanken selbst positiv auf Ihr Leben einwirken. Der Schlüssel dazu liegt darin, sich selbst als eigenständige Persönlichkeit mit allen Eigenschaften und vor allem auch körperlichen Ausprägungen vollkommen anzunehmen.

Formen Sie entsprechende Gedanken, wie zum Beispiel: „Ich habe mir dieses Erdenleben so ausgesucht, ich erkenne es, ich nehme es an und bin bereit, dieses Erdenleben zu leben."

Affirmationen:

Ich bin völlig in Harmonie.
Ich nehme mich an.
Ich liebe und achte meine Einheit von Körper, Geist und Seele.
Ich habe mir dieses Erdenleben so ausgesucht, erkenne es,
nehme es an und bin bereit, es zu leben.

Nebenschilddrüse

Die Nebenschilddrüse besteht aus vier einzelnen, kleinen Drüsen, die an den Eckpunkten der Schilddrüse liegen. Sie wirkt wie ein Schutzengel im Kalziumhaushalt. Mit ihrem Hormon wird sie immer dann aktiv, wenn der Kalziumspiegel im Blut unter den Grenzwert absinkt. Kalzium ist für viele Vorgänge im Körper notwendig: Blutgerinnung, Reizleitung und Knochenbau. Es wirkt außerdem entzündungshemmend, gefäßabdichtend und gegen allergische Reaktionen. Der Regelmechanismus der Nebenschilddrüse steht dabei im Zusammenspiel mit einem der Schilddrüsenhormone und dem Vitamin D.

Körperliche Störungen:

Überfunktion   Unterfunktion

Zuordnung in den Fußreflexzonen:

Direkt an der Innenkante des Großzehen-Grundgelenks liegt an jedem Fuß die reflektorische Entsprechung von zwei Teildrüsen der Nebenschilddrüse.

Geistig-seelischer Aspekt:

Die Bedeutung der Nebenschilddrüse wird deutlich bei Betrachtung der Aufgaben und Symbolik von Kalzium im Körper. Dabei fällt auf, daß es immer einen stabilitäts- und strukturbildenden Charakter hat. So zeigen sich auch tatsächlich immer dann Störungen im Kalziumspiegel beziehungsweise in der Nebenschilddrüse, wenn das Stabilitätsgleichgewicht aus der Balance geraten ist. Das kann zum Beispiel durch ein schockartiges Erlebnis verursacht worden sein, das völlig aus dem Gleichgewicht wirft. Viel häufiger zeigt sich jedoch, daß ein übertriebenes Festhalten an einer Situation und das Bestreben, ihre Stabilität und ihren Fortbestand zu erzwingen, die Ursache einer Entgleisung ist.

Checkliste:

Welches Bild meines Lebens läßt mich erstarren?
Welchen Impuls meines Seins lasse ich nicht gelten?
An welcher Vorstellung halte ich krampfhaft fest?
In welchem Lebensbereich schwanke ich haltlos hin und her?
Wo bin ich unausgeglichen und unausgewogen?
Wer oder was untergräbt mein Selbstvertrauen?

Fallbeispiel:

Für den Mineralstoffwechsel ist eine ausgewogene Nahrung unendlich wichtig. Doch der Zeitgeist ist heute bereits so weit gediehen, daß wir diesbezüglich besonders nachlässig geworden sind. Immer mehr Nahrungsergänzungsmittel in Tablettenform müssen nach vorausgegangener ärztlicher Untersuchung eingenommen werden, um den Blutstatus wieder aufzubessern.

Diese reine Fixierung auf die grobstoffliche Situation bringt jedoch keine dauerhafte Lösung. Oft konnten wir beobachten, daß trotz Einnahme der fehlenden Mineralsalze keine deutliche Besserung im Wohlbefinden der Patienten stattfand. Erst bei Betrachtung der tieferen geistig-seelischen Bedeutung, die dahinter liegt, konnte sich der Körper wieder selbst regulieren.

Dies zeigte sich auch bei dem Patienten, dessen Nebenschilddrüse in den Reflexzonen kaum noch tastbar war. Durch den allgemeinen Mineralstoffmangel hatte er bereits sichtbar deformierte Finger- und Fußnägel (und dies trotz langjähriger Einnahme der im Blut fehlenden Mineralstoffe). Der körperliche Auslöser dieser Symptome war ein unbemerkt ablaufender bakterieller Vorgang in seinem Zahnbereich, der dem Körper alle Mineralien raubte und der über die Reflexzonen als Störfeld sichtbar wurde.

Es wird darin symbolhaft sichtbar, daß sich der Mann schon richtig „festgebissen" hatte. Er unternahm alle Anstrengungen, seine „heile Welt" um jeden Preis aufrechtzuerhalten, indem er seine Kinder nicht erwachsen werden ließ und sie am liebsten zu Hause behalten hätte, nur um für immer an seinem Wunschbild der intakten Familie festhalten zu können.

Neben der zahnärztlichen Behandlung konnte diesem Mann durch Gespräche und entspannende Reflexzonenbehandlung aus seiner Erstarrung geholfen werden, aus der Sturheit in seinem Verhalten – sonst wäre er sicher, bildhaft gesprochen, irgendwann „zur Salzsäule erstarrt".

Affirmationen:

Ich bin der Kapitän meines Lebensschiffes.
Ruhig und gelassen betrachte ich die Bilder meines Lebens.
Ich bin in der Lage, ausgewogen und in völliger Klarheit
    meine Lebenssituation zu meistern.
Die Mineralien meines Lebens ermöglichen mir
    eine harmonische Fortbewegung.

Nerven

Die Nervenbahnen des Körpers sind immer in bezug auf das Organ zu betrachten, das sie versorgen. Von besonderer Bedeutung sind Trigeminus- und Ischiasnerv, die in Einzelabschnitten erläutert werden. Zentrale Bündelungen sind Oberkopf (Gehirn), Wirbelsäule (Rückenmark) und Solarplexus (vegetatives Nervensystem). Bitte schlagen Sie in den gleichlautenden Abschnitten nach.

Niere, Harnleiter, Blase

Die Aufgabe des Harnapparates ist es, über die Bildung und Ausscheidung des Urins das Gleichgewicht im Flüssigkeitshaushalt des Körpers aufrechtzuerhalten und giftige Stoffwechselendprodukte aus dem Körper zu transportieren. Das Hauptgeschehen spielt sich dabei in den beiden Nieren ab, über die Harnleiter wird dann der Urin in die Blase geleitet, wo er gesammelt wird, um schließlich über die Harnröhre ausgeschieden zu werden.

Körperliche Störungen:

anatomische Anomalien
(Schrumpfniere,
Wanderniere...)
Gicht
Niereninsuffizienz
Nierensteine
Tumore

Blasenschwäche
Eiweißverlustniere
Entzündung
Nierengrieß
Nierenstau
Reizblase
Urämie (Harnvergiftung)

155

Zuordnung in den Fußreflexzonen:

Beim Abtasten und Massieren dieses Bereichs beginnt man immer an der Niere (mit Nebenniere) und geht dann den reflektorischen Bereich des Harnleiters entlang bis zur Blase.

Es wird immer der gesamte, in der Abbildung dargestellte Bereich behandelt – und immer in der genannten Reihenfolge, um dem natürlichen Ausscheidungsweg zu folgen.

Bei der Frau ist in diesem Reflexzonenbereich die Harnröhre einbezogen, beim Mann ist die Harnröhre über die Zone „Hoden und Penis" zu erreichen.

Geistig-seelischer Aspekt:

Das Organsystem von Niere, Harnleiter und Blase ist nicht nur für die Filterung unseres grobstofflichen Körpers zuständig, sondern auch für unsere Feinstofflichkeit, Sensibilität und unser Gefühlsleben. Wie oft sagt der Volksmund, wenn er mit einer Lebenssituation nicht fertig wird oder ihn etwas schmerzlich berührt: „Das geht mir an die Nieren!"

Insbesondere steht dieser Bereich für zwischenmenschliche Beziehungen jeglicher Art – aber nicht nur partnerschaftliche Lebensgemeinschaften, sondern auch alle anderen Beziehungen zu Menschen können manchmal zu Entsprechnungen führen.

Wie leicht ist der Mensch zu verletzen. Wie oft schlägt man ihn mit negativen Worten oder Gedanken. Nicht die körperlichen Schläge als Ausdruck der Kraftenergie, die grobstofflich vollzogen werden, hinterlassen im Leben ihre Spuren, sondern die Tiefschläge der Gedankenformen hinterlassen das, was einem an und auf die Nieren geht.

Dann reagiert dieses Filterungsorgan: Es verursacht Schmerzen und Druck im Rückenbereich, einen Rückstau zum Körper oder entwickelt gar ernsthafte Organstörungen.

Die wichtigste Erkenntnis für die Selbstheilung mittels alternativer Heilmethoden ist, daß wir allem, was in unsere Energiezentren einströmt und einfließt, kraft unserer Gedanken signalisieren, ob wir es akzeptieren und annehmen oder nicht.

So vermeiden wir Gedanken und Einflüsse negativer Art, die uns erfüllen und bestimmen wollen.

Wir betrachten uns vielmehr als Transformator im Universum: Alles, was in uns einströmt, wird durch den Organismus und unsere Gedankenkraft und durch die Erkenntnisse des Lebens gefiltert, gereinigt, abgewogen, wahrgenommen. Und alle negativen Formen, die mir in meinem Sein nicht dienlich sind, werden ausgefiltert und strömen aus meinem Körper wieder heraus.

Wenn wir diesen Kreislauf der Harmonie für uns selbst persönlich erkannt haben, führt das dazu, daß unser Körper nie die Qualen negativen Rückstaus erleidet.

Checkliste:

Was geht mir an die Nieren?
Welcher alltäglichen Lebenssituation einer Auseinandersetzung
  stelle ich mich nicht?
Wieso lasse ich mich von meiner disharmonischen
  Wasserregulierung davon abhalten,
  im Fluß des Lebens zu sein?
Welche Gefühle blocke ich in meiner Partnerschaft ab?
Wo verhindere ich eine Filterung meines Seins?

Fallbeispiel:

Ein Anfangsstadium von Nierenproblemen ist der Nierengrieß, den nur Ihr Arzt oder ein Urologe erfassen kann. Oft sind die Ernährung sowie die Ernährung falscher Gedankenformen die Ursache einer Grießbildung.

Ein Patient, dessen Nierengrieß und Nierenprobleme sich letztendlich als ein Schwiegermutterproblem herausstellten, läßt mich heute noch schmunzeln. Denn als der Patient die wahre Ursache erkannte, sagte er in seinem schönsten Bayerisch: „Jo mei, i werd do net no krank wegen dere." („Ich werde wegen ihr doch nicht noch krank.") Ich konterte: „Irgendwo sind wir doch alle irgendwann Schwiegermutter oder Schwiegervater." Er solle sich mal die Zeit nehmen, mit seiner Schwiegermutter über ein vielleicht unverstandenes Problem zu sprechen. Denn just wenn sie sich als Besuch ansagte, bekam er kolikartige Schmerzsymptome im Nierenbereich.

Selbstverständlich haben wir in der Praxis unsere altvertrauten Methoden angewandt, um die Nierenfunktion mit einer aktiven Durchblutung wieder zu stabilisieren. Und er mußte so viel Tee trinken, daß er oft schelmisch nachfragte, ob er den Tee nicht auch durch ein Bier ersetzen könne – er war offensichtlich ein gestandener Urbayer, an den ich mich gerne zurückerinnere. Irgendwann hörte ich schließlich von ihm, daß seine Schwiegermutter ein willkommener Gast im Hause sei.

An dieser Stelle sei ausdrücklich davor gewarnt, sollten Sie zufällig Kraftfahrer sein oder sehr dazu neigen, wenn sich Ihre Blase meldet, den Urin länger einzuhalten, dies zur Gewohnheit werden zu lassen. Denn es begünstigt die Entstehung etlicher Krankheitsbilder.

Begrüßen Sie jeden Drang zur Ausscheidung, suchen Sie umgehend eine Möglichkeit zur Entleerung, und bedenken Sie, wie wohltuend entspannt Ihr Körper sich danach anfühlt.

Affirmationen:

Meine Nieren sind mit dem Pulsschlag meines Herzens
in vollkommener Harmonie.

Meine Filterung bewirkt eine vermehrte Reinheit
  in Körper, Geist und Seele.
Ich begrüße meine Ausscheidung über Niere,
  Harnleiter und Blase.
Jede Lebenssituation, die mich mit einer Partnerschaftsthematik
  konfrontiert, betrachte ich mit Klarheit, gelassener und
  gereinigter Perspektive.

Oberkopf

Der Oberkopfbereich umfaßt den Hirnschädel, der aus sieben
Knochen gebildet wird. Dazu gehören beispielsweise Scheitel-,
Stirn- und Hinterhauptknochen, die das Gehirn schützend ein-
schließen.

Körperliche Störungen:

Apoplexie   Entzündung
  (Schlaganfall)   Gehirnerschütterung
Hirntumor   Infektionskrankheiten
Knochenbruch (z. B.   Kopfschmerzen
  Schädelbasisbruch)   Migräne
Nerven-/Gehirnerkrankungen
  (z. B. Epilepsie, Parkinson-
  Syndrom, Alzheimer-
  krankheit, multiple Sklerose)

Zuordnung in den Fußreflexzonen:

Die Kuppe der großen Fußzehe repräsentiert den Oberkopf.

159

Geistig-seelischer Aspekt:

Das Gehirn ist die Schaltzentrale der Unendlichkeit. Feinstofflich ist es vom Scheitel- oder Kronenchakra geprägt, das seine Energien in der Hirnanhangsdrüse (Hypophyse) bündelt und das den Zugang zu spiritueller Weisheit, tiefen Einsichten und der Erfahrung des Einsseins ermöglicht. Viele noch ungeahnte und unerforschte Perspektiven liegen hier und in der Verbindung mit der Unendlichkeit über die Zirbeldrüse (Epiphyse).

Der Oberkopfbereich ist feinstofflich auch mit dem „Dritten Auge" verbunden, das als „Fenster der Seele" Einblick in feinere Ebenen der Wahrnehmung gewährt.

Die sogenannte „Kopflastigkeit" und das Bemühen, alles mit dem Verstand verstehen, steuern und kontrollieren zu wollen, führen leicht zu einem Überdruck im Bereich des Oberkopfes. Bewußt oder unbewußt kann es sogar bis zu einer Lahmlegung der Schaltzentrale Gehirn kommen, um durch ein damit verursachtes Krankheitsbild weiterhin die Kontrolle über das Umfeld zu wahren – auch wenn es die eigene Lebensqualität mindert und den Auftrag der geistigen Weiterentwicklung verletzt.

Checkliste:

Wo halten mich gefesselte Gedanken
    in meinem Alltag fest?
Wieso umnuebele ich meine Gedanken?
Wieso verstecke ich mich hinter trübseligen Gedanken?
Weshalb bin ich nicht bereit, meinen Lebensfreiraum
    zu sehen?
Wen oder was versuche ich mit allen Mitteln
    zu kontrollieren?
Von was lasse ich mich ablenken?
Wen lasse ich in meinen Gedanken wüten?

160

Fallbeispiel:

Die bekanntesten und gravierendsten Krankheitsfälle im Oberkopfbereich sind Schlaganfall, Tumor oder Unfallverletzungen.
Wenn ein solches Bild vorliegt, ist es selbstverständlich, daß sich
der Mensch in die Behandlung der modernen Medizin begibt.
Der alternativen Heilmethode kommt dann nach Absprache
mit dem behandelnden Arzt begleitend und vor allem in der
Nachbehandlung eine wichtige Rolle zu, krampfartige Rückstän-
de in der Selbstheilung aufzulösen und an die tiefere Bedeutung
heranzuführen.

Ein Beispiel aus unserer Praxis: Ein sogenannter Kopfmensch,
dessen Berufstätigkeit nur durch Denken auszuüben ist – ein Kri-
minalist, kam mit folgender Frage: „Können Sie bei einem ständig rauchenden Kopf, das ist nämlich mein Gefühl tagein und
tagaus, helfen?" Er zog dabei seine Denkerstirn in Falten, so daß
ich gleich zu ihm sagte: „Glätten Sie Ihre Stirn! Denn Ihre Mus-
kelanspannung im Gesicht wirkt verkrampfend."

Bei näherem Betrachten (und durch tiefes Einatmen) konnte
ich feststellen, daß er auch alle Anzeichen eines starken Rauchers
aufwies. Er bejahte meine diesbezügliche Frage und gab mir zur
Antwort: „Wenn ich denke, muß ich rauchen." Meine Antwort:
„Damit umnebeln Sie gleichzeitig Ihr Gehirn beim Denken." Er
schaute mich etwas irritiert an – was das solle, ob dies meine Heil-
empfehlungen wären. „Nein", sagte ich, „dies ist erst der Anfang
der Aufgaben, die ich mir erlaube, Ihnen zu stellen, um darüber
nachzudenken. Das ist ja, wie Sie bereits erklärten, Ihr Beruf!"

Ich brachte ihm nahe, auch einmal über sich selbst nachzu-
denken. Seine Antwort: „Für mich habe ich keine Zeit!" Ich
konterte: „Wie schön, daß Sie dann trotzdem wahrnehmen, daß
Ihnen der Kopf raucht. – Betrachten Sie doch bitte einmal die
Signale der Natur! Durch diese Schmerzsignale zeigt Ihnen die
Natur, das heißt Ihr Körper: Es ist mir zuviel!"

Wir führten unseren Dialog weiter. Ich fragte ihn, wann er das letzte Mal Urlaub gehabt beziehungsweise ausgespannt hätte. Seine Antwort war: „Jetzt kommen Sie doch zur Sache! Sie wissen doch, wie wenig Zeit man hat." Ich entgegnete: „Als Beamter steht Ihnen eine tariflich festgelegte Freizeit zu." – „Ach, hören Sie auf! Wenn ich nur an die vielen Überstunden denke …"

Ich erkannte noch keine Signale von ihm, auch einmal an sich zu denken. So setzte ich zu einem psychologischen Angriff an. In seinen Augen erkannte ich einen abschätzigen, vielleicht auch abwertenden Blick, als ich ihn fragte, ob ihm der Satz vertraut wäre: „Lerne richtig zu faulenzen, ehe du etwas Großes leisten möchtest!"

Er atmete tief durch, hielt inne und sagte dann ganz charmant: „Ich dachte, Sie gehen an die Füße – oder wollen Sie sich jetzt mit mir in einem Wortgefecht duellieren?" Ich sagte ihm, daß ich seinen rauchenden Kopf ernst nehme, denn er würde wirklich schon rauchen, wie ich an seiner Aura erkennen könne.

Er solle doch einmal darüber nachdenken, daß ein Mensch auch Ruhephasen bräuchte und daß mir der ihm wegen beruflicher Überforderung fehlende Schlaf schon aus seinen Augen entgegenblickte. Dieser fehlende Ruheausgleich wäre die Ursache für seinen Druck im Oberkopfbereich.

Langsam und systematisch gewann ich sein Vertrauen und arbeitete mich bei ihm mit der alternativen Heilmethode der Reflexzonen durch. Sicherlich ist mir bewußt, daß man in seiner beruflichen Karriere oft bis an die Leistungsgrenze und weiter schreiten muß, um ein Ziel zu erreichen; und daß der Leistungsdruck heute so stark ist, daß man den Menschen kaum Zeit läßt durchzuatmen.

Und doch: Das höchste und kostbarste Gut, das der Mensch besitzt, ist das Gut der Gesundheit! Ich persönlich mußte dies auch an meinem eigenen Körper erfahren, und Gott sei Dank konnte ich noch früh genug die Notbremse ziehen.

162

Innezuhalten, stehenzubleiben, die Gedanken im Oberkopf-bereich freizumachen, die Schädeldecke zu lüften, alte Gedanken-muster zu entrümpeln und frische Luft als wirkungsvolle Selbst-heilungsmittel zu betrachten sowie das Wissen, daß man sich nichts vergibt, wenn man uralte Heilmittel einsetzt, waren auch mein Lebensrettungsanker.

Das angeführte Beispiel sei allen Denkern zur Nachahmung empfohlen: Denken Sie einmal darüber nach, daß es nicht immer lohnenswert ist, alles zu durchdenken und zu hinterfragen. Oft liegt die beste Heilung im Erkennen der Einfachheit einer Jetzt-Situation. Und die allerbeste Heilung ist oftmals ein herzhaftes Lachen, das man miteinander austauschen kann.

Und dies war das Dankeschön des Kriminalisten in unserer Praxis: Als er sich von uns verabschiedete (ohne Kopfdruck na-türlich), gestand er: „Wenn ich gewußt hätte, daß das so einfach ist, hätte ich wirklich früher einmal darüber nachgedacht …"

Affirmationen:

Ich sprenge meine Jetzt-Gedankenkraft und
    gehe über meine Grenzen hinaus.
Meine Gedanken sind völlig frei in der Reinheit
    der Atmosphäre.
Ich bin Herr meiner Gedanken.
Ich lasse nichts und niemandem den Freiraum,
    mich von meinem eigenen Ich abzulenken.
Vollkommen entspannt schöpfe ich aus der Weisheit der Natur.

Oberschenkel

siehe „Hüfte und Oberschenkel"

Ohr

Dieses Sinnesorgan nimmt die akustischen Eindrücke von außen wahr. Dabei werden das äußere Ohr (mit Ohrmuschel und Gehörgang), das Mittelohr und das Innenohr (mit Hörorgan und Gleichgewichtsorgan) unterschieden. Die ankommenden Schallwellen werden über ein kompliziertes System kleinster Knöchelchen in Nervenimpulse umgesetzt, die an das Gehirn weitergeleitet werden können.

Körperliche Störungen:

Entzündung	Hörsturz
Ohrenfluß	Ohrfurunkel
Ohrgeräusche	Schwerhörigkeit
(Tinnitus aurium)	Zeruminalpfropf
Taubheit	(Gehörgangsverlegung
Trommelfellverletzung	durch Ohrenschmalz)

Zuordnung in den Fußreflexzonen:

Der Ohrbereich liegt in den Reflexzonen vor und um die vierte Fußzehe.

An der Fußsohle, in einem Bogen vor der vierten Fußzehe, ist das Außenohr zu finden, das dann über das Mittelohr links und rechts der Zehe in den Zehzwischenräumen zum Innenohr überleitet. Beim Abtasten und Massieren in diesen Zwischenräumen bitte den Daumen mit großer Vorsicht führen, denn die Haut ist an diesen Stellen besonders zart und empfindlich.

Das Gleichgewichtsorgan liegt in einer separaten Reflexzone auf dem Fußrücken (siehe dazu den Abschnitt „Gleichgewichtsorgan").

Geistig-seelischer Aspekt:

Dieses Sinnesorgan bedeutet, ein offenes Ohr für das Leben zu haben. Bei körperlichen Störungen in diesem Bereich signalisieren diese aus der Sicht der Tiefenpsychologie: Was möchte ich nicht mehr hören? Wovor verschließe ich meine Wahrnehmung?

Ein weiterer Aspekt bei der Betrachtung der Ohren ist es, die Sinneswahrnehmungen zu verarbeiten, die Konsequenzen daraus zu ziehen und in die Tat umzusetzen. Denn vor allem bei der Mittelohrentzündung zeigt sich oft ein Bestreben, immer nur die Mitte halten zu wollen, sich nicht entscheiden zu können zwischen ganz oder gar nicht, innen oder außen, so oder so.

Schauen wir dabei unseren Alltag, unseren eventuellen Lebensfrust oder das gesellschaftliche Umfeld, in dem wir uns bewegen, einmal näher an: Durch den technischen Zeitgeist ist uns die Welt so nahe gerückt und werden wir täglich mit so zahlreichen Informationen gefüttert, daß wir sie kaum noch zu erfassen vermögen. Doch leider gibt es nicht nur positive Informationen. Die meisten Nachrichten, die unser Ohr aufnehmen muß, sind Katastrophenmeldungen. Selbstverständlich habe ich die freie Wahl, die Medien Fernsehen oder Radio mit einem Knopfdruck auszuschalten. Doch muß man sich nicht informieren, um zu wissen, was in der Welt geschieht? Ist man sonst nicht sehr schnell „out" und nicht mehr „in"?

Unabhängig davon sind wir jedoch immer in der Lage, über unser Hören Positives einfließen zu lassen und lichtvolle Gedanken auszusenden: Wir hören eine Botschaft und können gleichzeitig kraft unserer Gedanken Licht, Erkenntnis, Frieden und Liebe aussenden – was auch immer unserem inneren Bedürfnis entspricht, was auch immer wir von unserer inneren Stimme hören. Es kommt an! Das ausgesandte Energiepotential entwickelt eine Dynamik, die über die Gesetzmäßigkeit der morphogenetischen Felder große Umwandlungen bewirken kann.

Selbstverständlich ist dies nicht immer einfach, denn all die Herausforderungen unseres Lebens sind unsere selbstgewählten Lernaufgaben. Doch sind wir immer Herr unserer Sinne, das heißt: Wir müssen nicht alles Negative über das Ohr in uns aufnehmen und in uns wüten lasen. Es ist uns jederzeit möglich, trotz lauten TV-Brummelns, beispielsweise das Singen eines Vogels als Zwischenton wahrzunehmen – auch in der Großstadt zwischen Beton und Glaspalästen.

So können wir alles umwandeln und unser Ohr, unser Hören in eine Unendlichkeit ausweiten, um fröhliche, lichtvolle Klänge in uns eindringen zu lassen.

Checkliste:

Was will ich nicht hören?

Verschließe ich meine Ohren gegen die Umwelt?

Welcher Streit ist für mich so unerträglich, daß ich ihn nicht länger mitanzuhören vermag?

Welche äußeren Eindrücke überfordern meine Wahrnehmungsfähigkeit?

Wo stehe ich ständig in Bereitschaft, meine Gehörgänge zu verschließen?

Wo lasse ich meiner inneren Stimme keinen Zutritt?

Was blockiert mich, die Realität zu hören?

Was ist der Auslöser dafür, daß ich meine Ohren ständig „auf Durchzug" stelle?

Was beurteile ich als Mißtöne in meinem Leben?

Höre ich auf meine innere Stimme?

Wo signalisiere ich durch die Nichtbereitschaft des Zu-Hörens Gleichgültigkeit gegenüber meinen Mitmenschen?

Weshalb lasse ich alles nur noch durch mich hindurchströmen, ohne Erkenntnisse daraus zu gewinnen?

166

Fallbeispiel:

Ein Beispiel für die vielen Tinnitusgeschädigten dürfen wir Ihnen an dieser Stelle aus unserer Praxis bringen: Schwer haben diese Patienten an ihrem Leiden zu tragen, weil sie ständig das Gefühl haben, ein Zug würde ihnen durch die Ohren sausen oder Pfeiftöne einer unerträglichen Frequenz seien ständig vorhanden.

Körperlich kann die Störung oft durch eine Überprüfung des Mineralstoffhaushalts und die Aktivierung der Durchblutung im Ohrbereich, beispielsweise über die Fußreflexzonen, zumindest gemildert werden.

Dies zeigte sich auch bei jenem Lehrer, dessen sehnlichster Wunsch es war, einmal ein Jahr aussetzen zu können und „nur" Lastwagen zu fahren – Lastwagenfahrer und auch in fremden Ländern zu sein.

Ein Lebenstraum, der sehr weit weggerückt war, da ihm seine Eltern, die ebenfalls pädagogisch tätig waren, nicht die Freiheit ließen, seine Berufswahl eigenständig zu entscheiden. Diesem Traum, das Geräusch eines Lastwagenmotors zu hören, gab er in seinen Gedanken so viel Nahrung, daß er in ein Tinnitussyndrom hineinrutschte. Durch die psychologische Beratung und Massagebehandlung gelangten wir nach mehreren Gesprächen an den folgenden Punkt in seiner Selbstheilung:

Im Beamtenstatus war es meiner Kenntnis nach möglich, den Arbeitsplatz für ein Jahr befristet freizuhalten. Ich fragte ihn, ob dies auch nach den heutigen Gesetzen gegeben sei. Er sagte: „Ja, es gibt noch Möglichkeiten. Ich müßte mich mal erkundigen. Doch was wollen Sie mir damit sagen?" Ich sagte ihm weiter: „Überdenken Sie doch bitte: Leben Sie Ihren Traum, sprechen Sie mit Ihrer Familie, klären Sie alles an Ihrem Arbeitsplatz, und werden Sie einmal kurzfristig Aussteiger aus Ihrem Jetzt-Leben. Und fahren Sie ganz einfach einen Lkw!" Den Führerschein dazu besaß er ja bereits und hatte ihn mir auch schon stolz präsentiert. Seine Augen leuchteten auf, seine Antwort war: „Das ist ein Ding!" Er ging aufgeregt aus der Sprechstunde. „Ich werde versuchen herauszufinden, ob es möglich ist."

Und es war möglich! Er fuhr ein dreiviertel Jahr, sogar bis in die Türkei, einen Lkw als Beifahrer und war darüber sehr glücklich, wie er mir in einigen Postkarten versicherte. Ich weiß, daß er heute wieder als Lehrer tätig ist. Sein Fazit war: „Ich habe eine Zeitlang meinen Traum gelebt und nicht mein Leben geträumt!" Seine sogenannten Tinnitusgeräusche hatten sich durch diese Entkrampfung gelöst.

Dieses Beispiel hat uns sehr beeindruckt: Ist es nicht erstaunlich, wie weit ein Mensch sein Leben kraft seiner Gedanken zu verändern vermag und in welchem Ausmaß das Ohr bereit ist, darauf positiv zu reagieren?

Die tiefenpsychologische Analyse offenbarte in diesem Fall einen tiefen Konflikt zwischen dem gehorsamen, seine Eltern liebenden Sohn und dem freiheitssuchenden, eigenständigen, erwachsenen Mann – der sich letztendlich von seinen psychischen Fesseln zu befreien vermochte und zu seiner ureigenen Männlichkeit und Durchsetzungskraft fand, um sein Leben fortan nach seinen eigenen Idealen und Wünschen zu gestalten. Dies brachte ihm die Befreiung von seinen Ohrgeräuschen, denn nun endlich hörte er auf seine inneren Wünsche und Bedürfnisse.

Affirmationen:

Ich vertraue immer meinem inneren, ersten Impuls.
Mein Gehör ist die Widerspiegelung meiner inneren Stimme.
Friedvolle Klänge nehmen meine Ohren wahr.
Ausgewogen und voller Harmonie haben alle Geräusche
    des Seins Zugang zu meinen Ohren.
Ich bin Meister meiner Sinne und wandle alles in lichtvolle
    Schwingungen um.

Prostata

Dieses kastanienförmige Organ des männlichen Geschlechtsbereichs liegt direkt unterhalb der Harnblase und umschließt ringförmig die Harnröhre. Es gibt ein Sekret ab, das die Spermien schützt und ihre Bewegungsfähigkeit ermöglicht.

Körperliche Störungen:

Abszeß	Adenom
Entzündung	Karzinom
Vergrößerung	Verkalkung (Prostatasteine)

Zuordnung in den Fußreflexzonen:

An der Innenseite der Knöchel liegt die Reflexzone, die dem Bereich der Prostata zugeordnet ist. Über diese Reflexzone sind auch die jeweils paarig angelegten Bläschendrüsen und Cowper-Drüsen, die ebenfalls zu den inneren männlichen Geschlechtsorganen zählen, ansprechbar.

Geistig-seelischer Aspekt:

Die männliche Liebesfähigkeit, die Lust und Potenz spiegeln sich im Organbereich der Prostata wider. Jegliche Form von Verkrampfung, moralischer Selbst-Verurteilung und von außen erfahrener Demütigung bezüglich der Manneskraft wirkt sich hier negativ aus.

Ein unausgewogenes Verhältnis zwischen Wollen und Dürfen zeigt sich hier ebenso wie Schuldgefühle und Versagensängste. Damit gehört dieser Organbereich in den Themenkomplex des Wurzelchakras.

169

Checkliste:

Welche Lustgefühle halte ich in meinem Schoß zurück?
Welche Verkrampfungen im Prostatabereich
    lasse ich in der Zweisamkeit zu?
Welche Natürlichkeit des menschlichen Körpers
    erkenne ich nicht an?
Nehme ich mir ausreichend Zeit für mein Liebesspiel?
Habe ich den richtigen Partner?
Erkenne ich meinen biorhythmischen Zustand? Lebe ich ihn?

Fallbeispiel:

Ein junger Mann, auf der Suche nach seiner sexuellen Orientierung, zeigte sich sehr verwundert, als ihm während der Behandlungsserie in unserer Praxis bewußt wurde: „Ich habe die Wahl. Alles ist mir erlaubt. Ich trage selbst die Verantwortung für mein Glück, denn nur ich selbst kann mich glücklich machen."

Nach einer vom Urologen festgestellten Prostataverkalkung und mehrmaliger Antibiotikabehandlung der Harnwegsinfekte, die immer nur zeitweilig Abhilfe schaffte, war er bereit, über eine alternative Heilmethode die tiefere Ursache seiner Symptomatik zu erkunden. Es stellte sich heraus, daß er aufgrund seiner Erziehung und Situation im Elternhaus nie gelernt hatte, Gefühle oder gar Zärtlichkeiten zu zeigen. Er erzählte, daß er bei jedem romantischen Liebesfilm immer wieder eine tiefe Sehnsucht in sich verspürte, ein solches Glück auch für sich zu finden.

Doch nachdem in der Frühphase der Pubertät die ersten zaghaften Versuche mit Mädchen aus seiner Schulklasse gescheitert waren, verschloß er sich zusehends. Um seine tiefen Gefühle nicht zeigen zu müssen, wählte er einen Weg, seine Sexualität im verborgenen zu leben. Und da half ihm die Gesellschaft mit ihrer Intoleranz gegenüber gleichgeschlechtlicher Veranlagung. Denn

170

indem er diese Form für sich wählte, mußte er nirgendwo in der Öffentlichkeit Gefühle zeigen – alles lief in verborgener Heimlichkeit ab. „Vielleicht war es auch eine Trotzreaktion meinem Elternhaus gegenüber ...", analysierte er in einem der Gespräche. „Jedenfalls suchte ich in dieser Szene nach innerer Befriedigung und empfand danach doch immer nur einen faden Beigeschmack. Ich vergewaltigte und verkaufte mich selbst. Wie ein Strichjunge suchte ich nach immer neuen Abenteuern."

Der Schlüssel war für ihn das Erkennen der eigenen Prostitution. Seine krampfhafte Suche und die Verleugnung der eigenen Identität konnte er dadurch schließlich loslassen, so daß er inzwischen in einer eigenen Familie eine glückliche Partnerschaft leben kann.

Liebe Leser, an diesem Beispiel erkennen Sie, daß nur ein Leben in absoluter innerer Freiheit zum Glücklichsein führt. Wir haben kein Recht zu werten: Ob hetero-, homo- oder bisexuell, oder wie auch immer die Klassifizierungen lauten, es ist alles in jedem, und jeder muß für sich die eigene Lebensform finden. Der Reifungsprozeß auf der Seelenwanderung führt in die unterschiedlichsten Rollen. Und wer weiß, was wir selbst schon waren oder noch sein werden? Wollen wir dann gerichtet werden?

Die Verkrampfungen des Wurzelchakras, der Lebensenergie, sind in unserer Gesellschaft die Hauptursache für unendlich viele Krankheitsbilder.

Trotz Aufklärung und Emanzipation ist die Natürlichkeit des Gefühls für viele ein absolutes Fremdwort. Die Prostata beim Mann ist dabei ein Organbereich, der oft im etwas fortgeschrittenen Alter die Spuren der jahrelang genährten, negativen Gedankenformen widerspiegelt.

Doch die Gedanken sind frei – was hindert uns also daran, sie lichtvoll und harmonisch einzusetzen und alle alten Muster aufzuarbeiten und zu lösen auf dem Weg der geistigen Reife.

Affirmationen:

Ich lebe mein Leben, wie die Natur mich geschaffen hat.
Ich bin in vollkommener Harmonie mit meiner
    männlichen körperlichen Schwingung.
Ich nehme mich als Mann vollkommen an.
Ich respektiere alle Lebensformen, die mir die Schöpfung
    gegeben hat.

Rachen

siehe „Mandeln"

Rippen

siehe „Brustbereich", „Lunge und Bronchien"

Rückenmark

siehe „Wirbelsäule"

Schilddrüse

Die Schilddrüse liegt am Hals, unterhalb des Kehlkopfes, und wird in ihrer Hormonproduktion von der Hypophyse gesteuert. Sie aktiviert über ihre Hormone den Grundumsatz des Körpers, steigert die Herz-, Nerven- und Muskeltätigkeit und ist wichtig für das Wachstum und die Skelettreife.

Körperliche Störungen:

Entzündung
Struma (Kropf,
  Vergrößerung)

Karzinom
Überfunktion
Unterfunktion

Zuordnung in den Fußreflexzonen:

An der Fußsohle, um den Großzehballen herum, liegt die Reflexzone der Schilddrüse. Sie wird immer von der Fußinnenkante nach oben abgetastet und massiert. Dabei deuten Verhärtungen im unteren/inneren Bereich auf eine Unterfunktion hin, im oberen Bereich auf eine Überfunktion. Umstellungen im Hormonhaushalt sind oft an einer Verhärtung im mittleren Bereich der Zone nachvollziehbar. Die Bestätigung dieser Diagnose kann natürlich nur über Laboruntersuchungen erfolgen.

Geistig-seelischer Aspekt:

Die Schilddrüse als weiteres Zentrum der hormonellen Funktionen des Körpers übt durch ihre Tätigkeit eine Schutzfunktion für die Aufnahme- und Umsetzungsfähigkeit des Menschen aus:
  Sie bringt den Energiehaushalt ins Gleichgewicht und stellt im Chakrensystem den Empfang auf feinstofflicher Ebene dar.

173

Das heißt, über dieses Energiezentrum des Halschakras nehmen wir Schwingungen und Gedankenformen von außen und auch von uns selbst auf.

Wird das Einströmen negativer Gedankenformen zu stark, haben wir schnell das Gefühl von Enge und Zugeschnürtheit im Halsbereich, die Schilddrüsenlappen geraten in ein Flattern und Schwirren, oder es zeigen sich „hektische Flecken" am Hals. Bei häufigen Störungen und Überbeanspruchungen können sich körperliche Symptomatiken ausbilden – bis wir erkennen, was uns zum Hals heraushängt oder was wir am Hals haben.

Checkliste:

Welche energetischen Vorgänge bewerte ich als ungerecht?
Wo fühle ich mich ungerecht behandelt?
   Von meinen Eltern?
Wo bin ich unfähig, Gerechtigkeit zu erkennen und
   zu empfangen?
Welche negativen Gedanken trage ich mit mir herum?
Wo lasse ich mich von meiner eigenen Sensibilität
   gefangenhalten?

Fallbeispiel:

Bei einer Patientin, die einen Knoten im Schilddrüsenbereich vorweisen konnte, der aber noch nicht operativ entfernt werden sollte, zeigte sich während unserer Behandlung folgendes Bild: Sie war eifersüchtig auf ihren Bruder, denn auch die materiellen Gaben der Eltern waren ungleich verteilt worden.

Sie konnte dies für sich nicht in Harmonie bringen. Sie fühlte sich immer ungerecht behandelt. Dies schlug sich disharmonisch im Hals – dem feinstofflichen Zentrum für den Empfang im Schilddrüsenbereich – nieder.

Es waren ihre eigenen negativen Gedanken der Eifersucht, die sich schon bis an die Grenze des Hasses bewegten, die sich hier niederschlugen.

Hinzu kam, daß es sich um die Thematik Materie und Geld handelte. Diese symbolisieren eine Form des Energieaustausches, so daß die Verbindung zur Schilddrüse, die schließlich den Energiehaushalt steuert, völlig offensichtlich war.

Der Auszug aus ihrem Elternhaus verschaffte ihr zunächst Linderung und führte zu einer Stabilisierung ihrer Selbstheilung, da sie nicht mehr so hautnah mit der häuslichen Situation konfrontiert war. Doch zu einer völligen Heilung kam es erst, als sie schließlich ihre Gedanken aufarbeiten und loslassen konnte.

Affirmationen:

Die Ausgewogenheit meines Schilddrüsenbereichs
    führt zum Einklang mit der Natur.
Alles, was ich empfange, wandle ich in Positives um.
Ich empfange die liebevolle Zuwendung meiner Familie.
Ich bin Herr und Meister meines Empfangs.
Mit einem lichtvollen, klaren Geist steuere ich
    alles Aufnehmen in meine Einheit von
    Körper, Geist und Seele.

Schulterblatt

siehe „Schultergürtel"

Schultergelenk

Dies ist in unserem Skelett der Teil, der den Bewegungsapparat unserer Arme und Hände in Gang setzt. Dieses Kugelgelenk wird gebildet aus dem Kopf des Oberarmknochens und der Gelenkpfanne am Schulterblatt. Der Schulterbereich, der die Armbeweglichkeit garantiert, ist überdies geprägt von den zahlreichen Lymphgefäßen, die vor allem durch die Achselhöhle verlaufen.

Körperliche Störungen:

Arthrose/Arthritis
Gelenkszerrung
   (Verstauchung)
Muskelzerrung
Schleimbeutelentzündung
Sehnenscheidenentzündung

Gelenksverrenkung
Knochenbruch
Muskelriß
Rheuma
Sehnen-/Bänderriß

Zuordnung in den Fußreflexzonen:

Direkt an der Seitenkante des Fußes, in der Vertiefung des kleinen Zehs (vor dessen Grundgelenk), liegt die Reflexzone für das Schultergelenk.

Geistig-seelischer Aspekt:

Die gelenkige Verbindung unserer Arme zum Rumpf stellt eine Brücke dar im Wechselspiel von Geben und Nehmen. Es ist die Umsetzung unseres Empfindens im Inneren in die Bewegung nach außen. Dabei sind mit einem Kugelgelenk alle Richtungen möglich – wir haben die freie Wahl.

176

Checkliste:

Wo überschätze ich mich selbst oder andere?
Welche Zwänge meines Berufslebens erlebe ich als Muß
und kann sie nicht loslassen?
Wo verkrampfe ich mit ehrgeizigen Gedankenformen?
Welche Leistungen versuche ich zu erzwingen?
Wo spüre ich ein Ungleichgewicht zwischen
Geben und Nehmen?

Fallbeispiel:

Einen Tennislehrer konnte ich mit der ihm simpel erscheinenden
Heilmethode schachmatt setzen – oder in seiner Sprache: „6:0
vom Platz fegen". Denn körperlich konnte durch Reflexzonenmassage leicht der Abtransport von Schlackenstoffen und Ver-
klebungen im Lymph- und Muskulaturbereich angeregt werden.

Die wahre Ursache für seine Störungen im Schultergelenk,
sei, wie er erklärte, im Beruf zu finden. Und es reiche ihm auch
schon aus, den schmerzfreien Zustand wiedererlangt zu haben.

Doch die Gespräche während der Massagebehandlung führten uns allmählich zu den Kernbereichen seiner Lebenssituation
und zu den Ursachen seiner Bereitschaft, diesen Schwachpunkt
an seinem Körper zuzulassen.

Er erzählte mir, daß das plötzliche Ausufern des Tennissports
zum Modesport oft auch völlig untalentierte Personen dazu ani-
mieren würde, Tennisunterricht zu nehmen. Er selbst sei motiviert, jegliche Schwachpunkte seiner Schüler auszumerzen. So
würde er auch nicht gleich resignieren, doch aufgrund seiner
Höflichkeit brachte er es nicht über sich, seinen Schülern zum
richtigen Zeitpunkt mitzuteilen, sie wären unbegabt.

Er erkannte für sich, daß er sich dann viel zu lange, mit viel zu
hohem Engagement und persönlichem Energieeinsatz, in eine

177

aufopfernde Rolle hineinsteigerte – nach dem Motto „Ich *will* ihm aber alles beibringen".

Schließlich machte er sich klar, daß er zu wenig begabten Schülern viel früher von der Ausübung des Tennissports abraten müßte, um ihnen vielleicht eher das Erlernen des Schachspiels ans Herz zu legen ...

Die ehrliche Offenheit seiner Seele amüsierte mich, und ich machte ihm Mut. Er begriff, daß er seine körpereigenen Energien doch besser für sich nutzen solle und er seinen Auftrag nur dort erfüllen kann, wo auch eine entsprechende Basis vorhanden ist.

Affirmationen:

Ausgewogen zwischen rechts und links meines Körpers
    verteile ich die Energien in meinem Sein.
Eine klare Wahrnehmung setze ich um
    in das Gleichgewicht von Geben und Nehmen.
Ich bin ehrlich in der Einschätzung meiner
    Leistungsfähigkeit.
Ich erfülle meinen Auftrag mit Freude, Liebe und Demut.

Schultergürtel

Der Schultergürtel besteht aus Schlüsselbein und Schulterblatt. Mit dem Rumpf des Körpers ist der Schultergürtel über das Brustbein-Schlüsselbein-Gelenk verbunden, mit dem Arm besteht die Verbindung über das Schultergelenk.

Die Aufgabe des Schultergürtels ist es, der Knochenstruktur in diesem Bereich eine sichere Stabilität zu geben.

Körperliche Störungen:

Arthrose/Arthritis	Gelenksverrenkung
Gelenkszerrung	Knochenbruch
(Verstauchung)	Muskelriß
Muskelzerrung	Rheuma
Schleimbeutelentzündung	Sehnen-/Bänderriß
Sehnenscheidenentzündung	

Zuordnung in den Fußreflexzonen:

Die zugeordnete Reflexzone verläuft in einem Bogen über den Fußballen.

Dabei ist jeweils in den Vertiefungen zwischen den Sehnen und Knochen abzutasten und zu massieren. Begonnen wird an der Außenkante der Fußsohle, dann geht es Stück für Stück weiter, vor dem Großzehenballen endend.

Geistig-seelischer Aspekt:

Diese Körperpartien der Skelettstatik sollten so harmonisch in den Bewegungsapparat Ihres Körpers integriert sein, daß Ihnen, scherzhaft ausgedrückt, genau dort Flügel wachsen könnten.

Doch wie oft ist der Mensch bereit, eine Beflügelung seiner persönlichen Freiheit und Entfaltung (auch in seiner Bewegung) nicht zuzulassen! – Und wie schnell läßt man sich statt dessen die Flügel stutzen …

„Herabhängende Flügel" (beziehungsweise Schultergürtelbereiche) ergeben dann deformierte Haltungen in unserem Bewegungsablauf: Ein eingezogener Kopf, fehlende Standhaftigkeit, geduckt durchs Leben gehen – das alles sind Fehlhaltungen, die sich in unserem Schultergürtel oft sehr schmerzhaft niederschlagen.

Dabei sei erwähnt, daß sich an diesen Punkten im feinstofflichen Bereich zwei Ausstoßchakren befinden, deren Überschuß an Energien und nicht verstandenen Gedankenformen ebenfalls schmerzhafte Rückwirkungen hat.

Checkliste:

Welche Versteifungen oder Fehlhaltungen
von außen oder von innen lasse ich
in meinem Bewegungsapparat zu?
Welche Situation in meinem Leben forme ich
in meinen Gedanken zu einer unerträglichen Last?
Weshalb trage ich nicht die Verantwortung
für meine Energien?
Wieso erkenne ich nicht die Geschenke der Natur?
Wo lasse ich Neid, Haß oder Eifersucht zu?

Fallbeispiel:

Ein Patient, der seit seinem Autounfall zur Nachbehandlung in unsere Praxis kam, war hoch erfreut, als wir den Schmerz seiner Prellungen und Blutergüsse, die er sich beim unglücklichen Sturz von einer Leiter zugezogen hatte, schnell zum Abklingen bringen konnten.

Zur Erklärung dieses Fallbeispiels sei der geistig-seelische Aspekt noch etwas ausführlicher dargestellt: In unserem Energiekörper und auch in unserem Aura- und Kausalbereich hat die Natur uns nicht nur ein persönliches Energiepotential zur Verfügung gestellt, sondern auch ein Ventil, um überschüssige Energien und Blockaden abzutransportieren – die beiden Ausstoßchakren im Bereich des Schultergürtels.[1]

---

1   siehe Bibliographie: Uhl, „Die 21 Chakren"

Die Erkenntnisse in unserer Forschungsarbeit haben dabei ergeben, daß die überschüssigen, negativen Energien und Blockierungen prozentual mehr von außen an uns herangetragen beziehungsweise gesteuert werden. Dadurch geraten wir dann manchmal in eigenartige Verhaltensweisen, indem wir zum Beispiel eine verkrümmte Körperhaltung annehmen oder einen unerträglichen Juckreiz am Schulterblatt verspüren.

Hinzu kommen innere Verkrampfungen, die körperlich sichtbar werden. Denn oft werden menschliche Situationen einfach völlig überbewertet. Da wir uns jedoch in diese Erdenstruktur, in unser Jetzt-Sein hineininkarniert haben, wäre manches beschaulicher, lebenswerter und lichter, wenn mancher auf seinem Suchen einmal darüber nachdenken würde, nicht so himmlisch auf Erden zu werden, daß er nutzlos ist.

Diese Versteifungen schlagen durchaus ihre Kraftbündelung im Körperbereich des Schultergürtels nieder. Wenn Sie dies für sich erkennen, so halten Sie einmal inne: Sind Sie ehrlich gegenüber Ihrem „inneren Schweinehund"? Und überdenken Sie, wo Sie eine Heiligkeit oder Scheinheiligkeit in Ihrer Weiterentwicklung und in Ihrer persönlichen Freiheit behindert. Also: Mut und Bereitschaft zu einer Selbstanalyse!

Denn kommen die eigenen Verkrampfungen und die negativen Gedankenformen von außen zusammen, zeigte sich in unserer Praxiserfahrung, daß tatsächlich die scheinbar unmöglichsten Unfälle geschehen können!

So wie hier im Beispiel der bereits durch einen Autounfall geschädigte Mann, der dann noch zusätzlich von einer Leiter fiel: Er machte sich bewußt, daß er selbst seinen Körper nicht als attraktiv einschätzte. Gleichzeitig waren ihm von außen neidvolle Gedanken wegen seines ansehnlichen Äußeren übergestülpt worden. – Was auch immer Sie erkennen: Verzeihen Sie sich selbst, den anderen und der Situation, die zu dieser negativen Auswirkung geführt hat.

Affirmationen:

Beflügelt und beschwingt erkenne ich den Meister in mir.
Meine geistigen Helfer tragen mich über alle
Tiefen und Höhen meines Seins.
Ich selbst gebe mir alle Möglichkeiten, die Geschenke aus der
Natur und den Universen auf Mutter Erde anzunehmen.
Ich lebe frei und harmonisch in meiner
persönlichen Lebensform.

Schlüsselbein

siehe „Schultergürtel"

Solarplexus

Dieses als „Sonnengeflecht" bezeichnete Zentrum ist eine Bündelungsstelle des vegetativen Nervensystems. Dieser Teilbereich des Nervensystems regelt alle grundlegenden Lebensfunktionen wie etwa Atmung, Verdauung und Stoffwechsel. Es wird auch als unwillkürlich oder autonom bezeichnet.

Körperliche Störungen:

emotionale Überbelastung	Gereiztheit
Nervosität	Schockzustände
Streß	vegetative Erschöpfung
Verdauungsstörungen	

Zuordnung in den Fußreflexzonen:

So wie der Solarplexus in der Mitte des Körpers liegt, ist auch die Reflexzone genau in der Mitte des Fußes zu finden. Als einzelnes Organ, das in der Körperachse liegt, ist es dennoch in beiden Füßen zu greifen. Kreisen Sie beim Abtasten und Massieren dieser Zone mit beiden Daumen jeweils gegenläufig immer von oben zur Innenseite des Fußes hin.

Alle Schockerlebnisse, die noch nicht vollständig aufgearbeitet sind, sind in dieser Zone als quer verlaufende Verhärtung zu erspüren. Im Idealfall sollte die Zone weich und harmonisch sein.

Geistig-seelischer Aspekt:

Unser Sonnengeflecht – der Sammelpunkt aller vegetativen Situationen unserer Lebensstruktur von Körper, Geist und Seele. Über diese Nervenbündelung laufen alle Emotionen unseres Lebens.

Wie oft haben Sie hier schon vielleicht einen K.-o.-Schlag erlitten – so wie ein Boxsportler den Solarplexus nur als Zielscheibe betrachtet, um seinen Gegener mit einem einzigen Schlag k. o. zu schlagen.

Dieser grobstoffliche Schlag ist jedoch nicht der einzige Schlag, den man im Leben realisiert – die härteren Schläge sind die Schläge von unkontrolliert ausgesprochenen Wortformen und deren Gedankenkraft. Diese Schläge sind es, die „unter die Gürtellinie gehen". Ebenso wie die im Volksmund als „Schicksalsschlag" bezeichneten Situationen.

Haben wir es nötig, wenn wir Herr unserer Sinne und aller Energien unseres Lebens sind, solche Situationen stillschweigend zu akzeptieren? Wir haben immer die Möglichkeit oder gar die Gnade, alles, was wir als belastend empfinden, aufzuarbeiten und umzuwandeln.

183

Vertrauen Sie dabei Ihrem Gefühl, Ihrem ersten Impuls – es ist die Entscheidung aus dem Bauch, die Ihr Sein mit dem Wissen des Nabelchakras, das sein Zentrum im Solarplexus hat, verbindet.

Checkliste:

Wieso fehlt mir die Bereitschaft anzuerkennen,
   daß mein Solarplexus eine energetische Form
   meines Wissens beinhaltet?
Welche Signale des Nicht-erkennen-Wollens halten mich
   in meinem Solarplexus gefangen?
Welche vegetativen Verkrampfungen im Solarplexus kann ich
   herausfinden und analysieren?
Welche Traumen und Schockerlebnisse belasten mich in
   meinem vegetativen Bereich, im Solarplexus?

Fallbeispiel:

Ein Patient, dessen Magenprobleme, Verdauungsschwierigkeiten und sonstigen Störfaktoren als vegetative Dystonie analysiert wurden, kam irgendwann in unsere Praxis mit der Erkenntnis: „Es ist doch sowieso alles sinnlos."

Nein, auch solche Situationen geben uns Erkenntnisse! Selbst wenn sie ein K.o.-Schlag waren, so haben sie tiefenpsychologisch doch einen Sinn – nämlich innezuhalten und sich zu fragen: „Wo habe ich mich fehlgesteuert oder fehlsteuern lassen?"

Der Patient mit seiner vegetativen Dystonie sagte: „Jetzt habe ich noch einen ‚Jagdschein', zumindest fühle ich mich so. Denn keiner nimmt mir meine Schmerzen ab. Am besten, ich löse mich auf…"

Ganz besonders in solchen Situationen signalisiert uns der Körper, welche Kraftreserven er in sich trägt. Und dabei fällt mir folgender Gedanke ein: Im Aufbäumen gegen fehlgesteuerte Strukturen des Lebens sollte man sich bewußtmachen: Auch ein Regenwurm, wenn er zertreten wird, ist noch in der Lage, sich aufzubäumen... Aber so weit, liebe Leser, sollte es doch erst gar nicht kommen!

Das Übel meines Patienten war eine zwischenmenschliche Problematik, die er stillschweigend hingenommen und geduldet hatte aus lauter überschwenglicher Liebe zu einer Partnerin, die ihm klar signalisiert hatte, ihres eigenen Weges gehen zu wollen. Seine Lippenbekenntnisse während der Behandlung waren oft: „Ich kann sie doch nicht gehen lassen, sie gehört doch mir!" Und er ließ zu, daß zerstörerische Kräfte und sein Nicht-erkennen-Wollen ihn krank machten. – Welche fehlgesteuerten Gedankenformen der Eifersucht und des Besitzanspruches hier vorhanden waren, ist sicher klar zu erkennen.

Lange therapeutische Gespräche, Meditationen, Fußreflexzonenmassage und innere Erkenntnisse des Loslassens wurden seine Therapie. Und welch glücklicher „Zufall", was das Karma ihm durch seine allmähliche Bereitschaft, sich selbst zu sehen, eröffnete: Er konnte sich während eines Aufenthaltes in einer psychosomatischen Klinik ganz „plötzlich" wieder neu verlieben. „Und ganz plötzlich war der K.-o.-Schlag aufgelöst", war seine Antwort auf meine Frage, was die plötzliche Heilung bewirkt hatte. Er bekräftigte sie mit den Worten: „Ich fühle mich wie ein Stehaufmännchen nach einem Ringkampf mit meiner eigenen Verblendung."

Uns blieb nur noch, geistig für die wundersame Heilung der Natur und für die ihn neu beflügelnde Liebe zu danken. Manchmal ist es ganz einfach. Doch wissen wir auch, daß wir eine Zeit des Leidens brauchen, um Erkenntnisse zu gewinnen und um in unserer Seele ein Wachsen und Reifen zu erleben. Alles, was wir ertragen müssen, bringt uns weiter in der Reife unseres Seins, sobald wir es erkennen und auflösen können.

Affirmationen:

Ich nehme die Traumen meines Lebens als Signale
zur Weiterentwicklung an.
Die Sensibilität meines Seins ist die Reife meines Wissens
und die Erkenntnis meiner Weiterentwicklung.
Ich befreie mich aus jeder verkrampften Disziplin.
Ich benutze die Heilfarbe Gelb der Sonne, des Lichtes, allen
Überseins zum Erkennen meiner lichtvollen Lebensstruktur.
Ich gehe den Weg des Lichts, und alle Schattenseiten
des Lebens weichen dem Licht.
Mein Ausgewogensein in Yin und Yang ist das Ergebnis
meines Weiterkommens.
Liebevolle Lichtstrahlen begleiten mich aus meinem
Solarplexus, dem Urwissen allen Seins, auf diesem Weg.

Speiseröhre

siehe „Brustbereich", „Magen"

Stirnhöhle

siehe „Nase und Nasennebenhöhlen"

Thymusdrüse

siehe „Herz"

Trigeminus

Der Trigeminus, der fünfte und größte Hirnnerv, entspringt paarig dem Gehirn und versorgt nach Durchtritt durch den Schädelknochen drei Bereiche, indem er sich in drei Hauptäste aufteilt: Augenhöhle, Oberkiefer und Unterkiefer. Er versorgt große Teile der Gesichtshaut, der Schleimhäute und der Kaumuskulatur.

Körperliche Störungen:

Nervenlähmung
Trigeminusneuralgie
(Nervenentzündung)

Nervschädigung/
-durchtrennung

Zuordnung in den Fußreflexzonen:

Im oberen Bereich der Innenkante des großen Fußzehes liegt die Reflexzone für den Trigeminus. Hier reagiert man oft äußerst sensibel, denn dieser Nerv ist bei vielen Menschen überbeansprucht.

Geistig-seelischer Aspekt:

Nerven stehen allgemein für die Weiterleitung von Informationen, für die Kommunikation – nicht nur innerhalb des Körpers, sondern auch mit der Außenwelt.

Der Trigeminus nun hat über Verbindungen zum Auge und zur Mundhöhle eine starke Einbindung in kommunikative Vorgänge und reagiert entsprechend gereizt, wenn die zwischenmenschliche Kommunikation nicht mehr harmonisch verläuft. Seine Reizempfindlichkeit auf Temperaturunterschiede ist dann nur Widerspiegelung dieser inneren Anspannung.

Der Trigeminusnerv gibt auch Signalzeichen bei Störungen im vegetativen Bereich. Andauernde vegetative Verkrampfungen können über diesen Nervbereich zu einer Gesichtsstarre führen. Lassen Sie nicht zu, durch Lebenssituationen in eine Starrheit zu geraten!

Checkliste:

Wieso bin ich unausgewogen in meiner Wahrnehmung
  von warm und kalt?
Weshalb lasse ich selbstzerstörerische Energien
  in meinen Nervenbahnen wüten?
Welche Angst halte ich fest? Angst vor Einsamkeit?
Welche Emotionen drücke ich nicht aus?
Wo lege ich mir selbstzerstörerische Starrheit auf?
Wo blockiere ich die Kommunikation mit mir
  und meiner Umwelt?

Fallbeispiel:

Wenn ein disharmonischer Vorgang vorhanden ist, sendet der Trigeminusnerv sehr schmerzhafte Signale ins Bewußtsein, die mit Lähmungen in unserem Gesichtsbereich verbunden sein können. So möchte ich von einer älteren Dame berichten, bei der eine Verletzung des Trigeminus während einer schweren Augenoperation nicht zu verhindern war. Sie fand sich in unserer Praxis ein, denn das Augenlid hatte an Beweglichkeit verloren. Es konnte sich weder vollständig schließen noch öffnen.

Über die Reflexzonen wurde eine optimale Durchblutung im Bereich von Trigeminus, Augen, Nase und Nasennebenhöhlen aktiviert. Dadurch und durch die begleitenden Gespräche ergab sich in diesem Trakt eine Harmonisierung, so daß die Augenlider ihre Beweglichkeit wieder erreichen konnten.

188

Der Hintergrund dieser geschilderten Situation der alten Dame war die Sehnsucht nach ihrer Tochter, die in Amerika lebte. Die Einsamkeit in ihrem Alter wollte sie nicht mehr sehen! Durch den operativen Eingriff konnte man dennoch ihr Augenlicht erhalten.

Einige Jahre nach ihrer Selbsterkenntnis und der vollständigen Wiederherstellung erfuhr ich, daß ihre Tochter nach Deutschland zurückgekehrt ist.

Wie schön das Leben doch oft seine Wege geht!

Affirmationen:

Ich bin in vollkommener Harmonie mit
    meiner Sinneswahrnehmung.
Ich beherrsche kraft meiner zentralisierten Energien meine
    Körperfunktionen und lasse sie in Harmonie fließen.
Alle Nervenzellen meines Seins
    sind von Licht und Liebe durchflutet.

Unterschenkel

siehe „Knie"

Wirbelsäule

Die Wirbelsäule besteht aus einzelnen Wirbeln, die durch die Bandscheiben flexibel aufeinander gelagert sind. So kann sie dem Körper den für seinen aufrechten Gang notwendigen Halt geben und gleichzeitig eine biegsame Beweglichkeit zulassen. Im schützenden Wirbelkanal liegt das Rückenmark, das zum Zentralnervensystem gehört.

Körperliche Störungen:

Arthrose/Arthritis	Bandscheibenschaden
degenerative Erkrankungen	Diskusprolaps
Morbus Bechterew	(Bandscheibenvorfall)
Morbus Scheuermann	Osteomalazie, Osteoporose
rheumatische Erkrankungen	Spondylose
Verkrümmungen (Kyphose,	Wirbelbruch
Lordose, Skoliose)	Wirbelgleiten

Zuordnung in den Fußreflexzonen:

Wie in der Abbildung der Reflexzonen auf Seite 208 dargestellt, verläuft die Zone der Wirbelsäule jeweils an der Innenseite des Fußes. Sie wird immer vorne am Fuß beginnend in Richtung Ferse abgetastet und massiert.

Geistig-seelischer Aspekt:

Die Säule und Stütze unseres Lebens – grobstofflich die Federung jeglicher Bewegungsart, ausströmend eine wunderbare Harmonie von Körper, Geist und Seele. So sollte unsere Wirbelsäule uns durch das Leben tragen.

Doch oft ist die Wirbelsäule krumm, deformiert und verformt durch Übergewicht, durch schlampige oder steife Haltung.

Durch ein zerstörerisches Kraftpotential wird die Federung unseres Lebens unterminiert. – Die Last, die wir uns freiwillig auferlegen, wird jedoch erst durch das Urteil unserer Gedanken zu einer Last!

Die Wirbelsäule steht über das Rückenmark in enger Verbindung mit einer Vielfalt körperlicher Aktivitäten und Funktionen. Allen gemeinsam ist die Tatsache, daß unsere Wirbelsäule den Fluß des Lebens, die Energien unseres Seins in alle Ebenen transformiert – in Körper, Geist und Seele. Die Verantwortung dafür gab uns die Natur bei unserer Zeugung mit.

Checkliste:

Wieso erkenne ich in der Wirbelsäule nicht die Steifheit
    meiner Erkenntnisse in der Fortbewegung?
Wieso erkenne ich nicht die Ganzheit meiner Beweglichkeit
    durch die Federung und Sprungbereitschaft,
    die nächste Hürde meiner Erkenntnis zu nehmen?
Welche Schlußfolgerungen weigere ich mich zu ziehen
    und blockiere dadurch die Beweglichkeit
    meiner Wirbelsäule?
Welcher Situation meines Lebens messe ich so viel Gewicht bei,
    daß sie mich zu Boden drückt?

Fallbeispiel:

Ein Patient, der im Bereich der Brustwirbelsäule über starke Schmerzen klagte, hatte alle Stationen der Untersuchungsmöglichkeiten hinter sich gebracht. Nichts war in diesem Bereich zu finden, was einen Störfaktor darstellen konnte. Er sagte mir: „Und doch sind die Schmerzen da. Es ist mir so kalt in diesem Bereich. Manchmal lege ich mir sogar eine Wärmflasche in den Rücken, und dann kann ich besser schlafen, denn meistens fängt auch noch mein Herz an zu stechen."
    Ich hörte gut zu und fragte nach seinem Herzen. „Naja, vegetativ verschlissen. Manchmal krampft es mich, wenn ich die Last des Lebens und all die Lügen betrachte, die ich nur schwer ver-

191

arbeiten kann." Dieser Patient stand in der Öffentlichkeitsarbeit im Fürsorgebereich. Ich fragte ihm: „Vielleicht sind die Probleme Ihres Herzens die Ursache für Ihre Schmerzen in der Wirbelsäule?"

Langsam baute ich Vertrauen mit den Behandlungen bei ihm auf und konnte ihm plausibel machen, daß unser ganzer Körper eine einzige Verknüpfung von Nervenbahnen ist, deren Hauptwege über die Wirbelsäule und das Rückenmark führen. Sein Herzeleid könnte deshalb durchaus in den Brustwirbelbereich ausstrahlen. Die stechenden Schmerzen, die er empfand, könnten Symptome der Angst sein, nicht richtig durchzuatmen und seinen Körper über die Lunge nicht ausreichend mit Sauerstoff zu versorgen – wiederum Gedankenformen, die in den Raum der Brustwirbelsäule ausstrahlen.

Die weiteren Reflexzonenbehandlungen übernahm meine Kollegin. Ich gab ihr meine bisher bekannten Informationen weiter. Sie konnte ihm schließlich den Beweis erbringen, daß der Auslöser seiner Schmerzzustände sein Herzeleid ist. Denn mittels ihrer intensiven energetischen Arbeit am Energiefeld des Herzens und das Auflegen eines Rosenquarzes auf sein Herz konnte er auf einmal von seinen beruflichen Erlebnissen erzählen – von sozialen Notständen und drückenden Sorgen der Mitmenschen. Da löste sich schließlich der schmerzhafte Zustand in seinem Rücken. Er sagte: „Waren es also doch nur Phantomschmerzen?"

Nein, diese Schmerzen hatten sich manifestiert über das Herzeleid, das er nicht verarbeitet hatte. Das Leid, das er in seinem Beruf mitansehen mußte, wirkte kraft seiner nie ausgesprochenen Gedanken belastend auf seine Wirbelsäule.

Vielleicht denken Sie: „So einfach?" – Wir können Sie nur immer wieder daran erinnern: Gerade weil es so einfach ist, wollen wir es oft nicht annehmen. Aber ist es nicht letztendlich egal, auf welche wundersame Weise wir unsere Schmerzzustände loswerden können? In der Selbsthilfe und Selbstheilung gibt uns die Wirbelsäule die Kraft, alle Bewegungen unseres Lebens abzufedern, bewußt und jederzeit bereit zu sein hinzustehen, um unser Leben in seiner Jetzt-Form zu bewältigen.

Affirmationen:

Jeder einzelne Wirbel meiner Wirbelsäule ist vom Licht
und dem Fluß des Lebens durchströmt.
Alle Energien meiner Chakren geben mir durch die
Antriebskraft meiner Lebensenergie am Steißwirbel
die Kraft, alles in eine Unendlichkeit zu transformieren.
Meine Wirbelsäule ist Antrieb, Federung und
Sprungbereitschaft für jede Bewegungsart meines Verhaltens.
Ich gehe federleicht Stufe für Stufe meines Lebens.

Zähne und Zahnfleisch

Die verschiedenartig geformten Zähne im Gebiß des Menschen zerkleinern die aufgenommene Nahrung und sind an der Sprachbildung beteiligt. Als Zahnschmelz wird der äußere, sichtbare Kronenanteil der Zähne bezeichnet, dies ist die absolut härteste Substanz im Körper. Die Wurzeln des Zahnes sind eingebettet in Ober- und Unterkiefer und ermöglichen die Stoffwechselversorgung des Zahnes. Das Zahnfleisch umgibt den Zahnhals und ist Teil der Mundauskleidung.

Körperliche Störungen:

Parodontose   Zahnfleischentzündung

Zahnfleischwucherung   Zahnkaries
Zahnstein

Zuordnung in den Fußreflexzonen:

An den Zehen findet man die Reflexzonen für das Zahnfleisch und auch die Zahnwurzeln, über die der ganze Zahn versorgt wird. Die Anordnung ist wie in der Mundhöhle: Die Schneidezähne liegen innen (an der großen Fußzehe), und über die Eckzähne geht es zu den Backenzähnen (an den kleinen Zehen).

Dabei liegt *auf* den vier kleinen Zehen jeweils die Zone für das Zahn*fleisch*: direkt unterhalb des Nagels der Zahnfleischbereich des Oberkiefers; nach dem ersten kleinen Gelenk des Zehs der Bereich des Unterkiefers. (Bitte nie direkt auf dem Gelenk abtasten oder massieren.)

An den *Seitenkanten* der vier kleinen Zehen sind die Reflexzonen für die Zahn*wurzeln* zu finden. Auch hier liegt der Bereich des Oberkiefers vor dem ersten Gelenk; der Unterkieferbereich wiederum unterhalb des kleinen Gelenks.

Am großen Zeh sind die Zahnwurzeln und das umgebende Zahnfleisch der Schneidezähne reflektorisch zu erreichen. Beides ist auf der Oberseite der großen Fußzehe zu finden: direkt unterhalb des Nagels liegen die Zahnwurzeln und das Zahnfleisch der Oberkiefer-Schneidezähne, unterhalb des Gelenks entsprechend für die Unterkiefer-Schneidezähne.

Der Reflexzonenbereich von Zähnen und Zahnfleisch strahlt aus in den gesamten Unter- und Oberkiefer.

Um Ihnen eine perfekte Lokalisation zu ermöglichen, sei an dieser Stelle noch einmal darauf hingewiesen, daß die Reflexzonenbahnen über Kreuz verlaufen. Also finden Sie den rechten Kieferbereich am linken Fuß und entsprechend umgekehrt den linken Kiefer am rechten Fuß. Dies klingt jetzt beim ersten Lesen zunächst etwas verwirrend, aber gehen Sie einfach Absatz für

194

Absatz noch einmal durch und veranschaulichen Sie sich alles an Ihren Füßen. Sie werden den logischen Aufbau dieser Reflexzonen erkennen und in die Anwendung umsetzen können. Sie spüren selbst, wie angenehm sich ein gut durchbluteter und damit gesunder Mundbereich anfühlt.

Geistig-seelischer Aspekt:

Die härteste Substanz im menschlichen Organismus, der Zahnschmelz, wird umgeben vom überaus sensiblen Zahnfleisch – ein Wechselspiel der Polaritäten. So steht der Zahnbereich in der Tiefenanalyse für das Leben mit allen scheinbaren Widersprüchlichkeiten und Entscheidungen, die daraus resultierend zu treffen sind. Probleme ergeben sich bei übertriebener Verbissenheit, bei krampfartigem Bemühen des Festhalten-Wollens oder auf der anderen Seite auch bei völliger Unfähigkeit, Entscheidungen zu treffen und sie durchzusetzen – beziehungsweise „sich durchzubeißen".

Die Zähne sind auch ein Ventil unserer Nerven, wenn im Schlaf die gedanklich unverarbeiteten Dinge noch einmal aus dem Unterbewußtsein hochgeholt und wiedergekäut werden. Mit diesem Knirschen, Mahlen und Reiben versucht der Körper, den aufgestauten Druck abzubauen. Alltagsstreß, ungelebte Emotionen, negative Umwelteinflüsse, Angstzustände und eine unfreie Gedankenwelt sind oft übler Ballast, auf den die Zähne knirschend reagieren. Die Zähne in ihrem Härtepotential sind dann so krampfhaft ineinander verbissen, daß sich das Zahnfleisch in seiner Weichheit zurückbildet.

Wir müssen uns aber nicht durch das Leben beißen! Wir sind in der Lage, kraft aller Energien des Seins unser Leben mit Lebensfreude und positiven Energien zu meistern. So können wir die Erkenntnisse unseres Lebens, die zu einer lichtvollen Weiterentwicklung beitragen, mit liebevoller Konsequenz umsetzen.

Das heißt nicht, die Situationen des Lebens durch Kampf und Gewalt verbissen zu bereinigen, sondern ausgewogen mit dem Sinn der Sprache die Erkenntnisse in Ausdruck zu bringen.

Checkliste:

Wieso lasse ich die Zerbissenheit in meinen Zähnen wüten?
Welche Unfreiheiten führen mich in die Situation
   einer nicht gelebten Emotion?
Wo gebe ich mich betont männlich und lasse durch dieses
   „Macho"-Verhalten die Unterernährung meiner Zähne
   und meines Zahnfleisches zu?
Wieso unterbinde ich meine Weisheit und Sensibilität, indem
   ich meiner Umwelt zähneknirschend die Zähne zeige?
Wieso bin ich unfähig, eine gewonnene Erkenntnis
   mit liebevoller Konsequenz umzusetzen?

Fallbeispiel:

Die Mundhöhle mit Zähnen und Zahnfleisch gehört natürlich in die Hände des Zahnarztes. Begleitend kann die alternative Heilmethode eingesetzt werden, um einen gesunden Zustand zu erhalten oder nach einer „Reparaturmaßnahme" die vollständige Wiederherstellung der Harmonie zu unterstützen.

Folgendes amüsantes Erlebnis sei dazu niedergeschrieben: Ein sieben Jahre altes Kind wurde am Strand mein „Notfallpatient". Als ich auf einer Luftmatratze im Meer vor mich hinträumte, sah ich diesen kleinen Jungen mit Tränen in den Augen, ebenfalls auf einer Luftmatratze sich fortbewegend.

Ich fragte ihn: „Wieso weinst du denn, ist dir was passiert?" – „Nein, nein!"

„Ja, aber das Wasser ist doch warm, und du hast eine schöne Luftmatratze. Und trotzdem weinst du?" Er sagte: „Sie dürfen mich aber nicht verraten, sonst muß ich aus dem Wasser, und es ist doch so schön!"

„Was soll ich denn nicht verraten?" – „Ich habe so Zahnschmerzen. Und wenn meine Mama das weiß, läßt sie mich nicht mehr ins Wasser." Welch bedauerlicher Schmerz lag da nun vor mir auf der Luftmatratze. Ich sagte zu ihm, ich hätte da so ein „Zaubermittel", dazu bräuchte ich seine Füße. Er schaute mich mit großen Augen an, denn dann sagte ich ihm auch noch: „Dann müssen wir aber aus dem Wasser, und dann setzt du dich auf deine Luftmatratze, denn ich brauche deine Füße ohne Sand. Da gibt es nämlich einen Zauberpunkt, und dann sind alle deine Zahnschmerzen weg. Und die sind so lange weg, bis deine Mama mit dir zum Zahnarzt gehen kann. Und ich glaube, daß es am allerbesten ist, wenn wir das gleich tun. Schließlich hast du Ferien und willst doch gleich wieder ins Wasser, oder?" – Er schaute mich mit großen Augen an und fragte dann: „Meinen Sie?"

Also gesagt, getan. Ich suchte mir an seinen Füßen, an den kleinen Zehen, den entsprechenden Reflexzonenendpunkt und massierte ihn. Seine Augen wurden immer größer, und er sagte: „Es läßt schon nach. Es funktioniert ja wirklich. Es tut schon gar nicht mehr weh." Auf dieses Signal, das nach wenigen Minuten aus seinem Mund kam, hatte ich gewartet. Ich sagte: „So, jetzt haben wir die Ferien gerettet. Doch mußt du trotzdem zum Zahnarzt! Denn der hat bestimmt noch ein bessers Zaubermittel, das deinen Zahn wieder für immer ganz machen kann."

Als er mit seinen beiden Füßen wieder im Sand stand, schaute er mich an und fragte: „Sind Sie eine Zauberin?" Mir war es nach einem Ja. Der Junge ging zu seinen Eltern an den Liegestuhl, der ganz in der Nähe des meinen war. Ich sah seinen verstohlenen Blick, denn ich legte ihm noch nahe, daß er das mit dem Zahn seinen Eltern sagen müsse. Ich hörte, wie er erzählte, und es war für mich ein so liebevolles Erlebnis, diesen Kinder-

mund wahrzunehmen. Nun bat ich seine Eltern um weitere Maß-
nahmen. Ich erklärte ihnen, daß ein akuter Zahnschmerz selbstverständlich nur vom Zahnarzt überprüft und behoben werden
könne. Doch eine erste Schmerzlinderung sei über die Akupressur möglich. Denn sie wirke durch die Aktivierung einer guten
Durchblutung entkrampfend auf den rebellierenden Nerv ein, so
daß Linderung einträte. Dies sei gerade bei Kindern in den Zah-
nungsphasen sehr hilfreich.

Am anderen Tag traf ich den kleinen Jungen wieder. Von wei-
tem rief er schon, seine kleine Luftmatratze unter dem Arm: „Ich
kann gleich wieder ins Meer, hat der Zahnarzt gesagt. Es tut
nämlich gar nichts mehr weh."

So wünschen wir Ihnen, liebe Leser, sollten Sie mit Zahnproble-
men geplagt sein, daß Sie sich nicht lange mit der Fragestellung
aufhalten: Soll ich oder soll ich nicht zum Zahnarzt? Denn ein
Schmerz ist nichts Schlimmes, es ist ein Hilfeschrei der Natur.
Und wer sagt uns in der Natur, daß wir Schmerzen lange aushal-
ten müssen? – Die Natur möchte uns dienen, der Mensch möchte uns dienen mit seiner Wissenschaft und in allen Bereichen.

Also: Machen wir uns dies zunutze, denn es gibt nichts Schöneres, als den schmerzfreien Körper einer absoluten Freiheit in
sich zu erfühlen.

Bei dem Kind aus oben erzähltem Beispiel war es ein ganz nor-
maler Wachstumsprozeß durch die Ausbildung der bleibenden
Zähne, der Schmerzen verursachte … Reife und Entwicklung bereiten eben manchmal auch erst einmal ein bißchen Weh.

Affirmationen:

Mein strahlendstes Lächeln, meine perlweißen Zähne
   sind der liebevolle Ausdruck in der Kommunikation
   mit meinem Nächsten.

Meine Zähne und mein Zahnfleisch sind vollkommen
    ausgewogen und in Harmonie.
Meine Zähne nehmen liebevoll die Bestandteile
    meiner Nahrung für Körper, Geist und Seele auf.
Die schönste Kommunikation zwischen den Menschen
    ist ein Lächeln –
    zeigend die gesunden, kraftvollen Zähne,
    im wohldurchbluteten Zahnfleisch eingebettet.
Als Produkt meiner inneren und äußeren Ausgeglichenheit
    sind meine Zähne und mein Zahnfleisch
    der Spiegel meiner Harmonie in Körper,
    Geist und Seele.

Zirbeldrüse

An der Gehirnbasis liegt die Zirbeldrüse, die medizinisch als
„Epiphyse" bezeichnet wird. Genaue wissenschaftliche Erkenntnisse liegen noch nicht vor, mit Sicherheit ist sie jedoch am hormonellen Geschehen beteiligt und hat wohl auch einen Einfluß
auf den Tag-Nacht-Rhythmus.

Körperliche Störungen:

    Überfunktion   Unterfunktion
    Tumor

Zuordnung in den Fußreflexzonen:

Die Reflexzone der Zirbeldrüse liegt auf der Fußsohlenseite der
großen Zehe, ziemlich genau in der Mitte.

Geistig-seelischer Aspekt:

Die Zirbeldrüse ist die direkte Verbindung des grobstofflichen Körpers mit der Feinstofflichkeit und damit höheren Schwingungsbereichen. Als transpersonaler Punkt ist sie die körperliche Zuordnung des 21. Chakras. Damit ist sie mit Aspekten und Ebenen in Zusammenhang zu bringen, die über die Persönlichkeit des Individuums hinausgehen.

Hier lösen sich alle Aspekte des Egos auf, und es gibt nur noch ein gemeinsames Schwingen, ein „Wir".

Alles, was wir über die Hypophyse als Energiefeld der Weisheit erfahren und mit der All-Liebe des Herzchakras verbinden, transformieren wir über die Epiphyse ins Universum, in die absolute Einheit allen Seins. Alles ist transformiert in eine absolut reine Lichtschwingung.

Die Epiphyse ist damit Widerspiegelung unserer geistigen Reife, unserer Seelenreise durch die Inkarnationen. Sie aktiviert zur Weiterentwicklung und reagiert auf sich selbst auferlegte oder von außen zugelassene Blockierungen des eigenen Reifeprozesses. Sie fordert uns auf, die absolute innere Freiheit und das reine Licht zu erkennen.

Checkliste:

Wieso flüchte ich aus meinem Körper in eine Traum- und Scheinwelt?

Wo weigere ich mich, die Erfahrungen meines Lebensweges in All-Liebe zu transformieren?

Was bringt mich aus dem Gleichgewicht meiner persönlichen Schwingung?

Was stört den Rhythmus der Impulse, die meine Seele aussendet?

Weshalb habe ich Angst, meinen Horizont zu erweitern?

An welchem Punkt in meiner geistigen Entwicklung
bleibe ich stehen?

Fallbeispiel:

Die sensible Zirbeldrüse ist gekoppelt mit energetischen Vorgängen im Chakrensystem. Das heißt, das Wechselspiel der körpereigenen Energiefelder findet hier die ausgleichende Verbindung
mit höheren Schwingungsbereichen. (Dies kann mit sensitiven
Meßinstrumenten wie der Schwingungsspirale auch sichtbar ge-
macht werden.)

Liegen Störfelder vor, zeigt sich das in der Praxis beim Aus-
testen der Energiefelder: Der Ausstrahlungsbereich der Zirbeldrüse (also des transpersonalen Punktes) ist dann in den Ebenen
von Körper, Geist und Seele nicht deckungsgleich. Die Person
wirkt „ver-rückt", ist nicht greifbar und sagt häufig von sich
selbst: „Ich stehe völlig neben mir ... "

Dieses Gefühl belastete eine Patientin. Sie registrierte, daß sie
für andere nicht greifbar war, sie fühlte sich immer außen vor,
und die Tage glitten an ihr einfach nur vorüber.

In unserer Behandlungsarbeit konnten wir den Auslöser für
diesen Zustand finden: Ein traumatisches Schockerlebnis, das sie
vor Jahren erlebt hatte, konnte sie nicht verarbeiten. Sie war Zeu-
gin eines tragischen Verkehrsunfalls geworden.

Sie konnte diese Situation nicht verstehen und haderte mit
dem Schicksal. Sie weigerte sich jahrelang, überhaupt noch weiter darüber nachzudenken. Sie stumpfte schließlich so weit ab, bis
sie nichts mehr empfand – keinen Schmerz mehr, keine Trauer,
kein einziges Gefühl. Die Schocksituation hatte sie völlig aus der
Bahn, aus ihrem Gleichgewicht und ihrer Bereitschaft zu weiterer geistiger Entwicklung gebracht.

In vielen Gesprächen konnte sie sich diese Thematik erarbeiten. Durch eine spezielle Massagetechnik der Fußreflexzonen,

die alle 21 Energiefelder anspricht, konnten die Selbstheilungskräfte zusätzlich angeregt werden.

Schließlich konnte sie den Schritt tun, ihre Erlebnisse als Le-
benserfahrung umzusetzen, indem sie die Verantwortung für diese Situation abgab. Sie hatte sich unbewußt die Schuld dafür auf-
geladen, da sie damals nicht in der Lage war, das Geschehen zu
verhindern. Sie konnte nun verzeihen und transformierte damit
alles zurück in die Schöpfung.

Erkennen Sie bitte an diesem Beispiel, daß der Schritt in geistige
Erkenntnisse eine Lebenshilfe ist. Wie hilfreich ist in solchen Si-
tuationen das Wort an die übergeordnete Ebene, wie auch immer
sie benannt wird: Allah, Buddha, Gott, Natur oder Schöpfung.
Diese Hinwendung an transpersonale Ebenen führt nicht in eine
weltfremde Frömmelei, sondern integriert den geistig-seelischen
Aspekt, der in jeder Situation des Lebens zu finden ist, in unser
Bewußtsein. Das ist der Lichtweg allen Seins.

Affirmationen:

In Liebe gehe ich meinen Lebensweg.
Ich bin in vollkommener Harmonie mit mir,
     der Erde und dem Universum.
Ich gehe den Weg der Erkenntnisse mit Freude und Liebe.
Ich bin.

Danksagung

Allen Lesern ein herzlicher Dank! Bitte berichten Sie uns über Ihre Erfolge mit diesem Buch.

Falls Sie Kritik und Anregungen haben: Teilen Sie es uns bitte mit. Wenn Sie zufrieden sind: Empfehlen Sie das Buch an andere weiter. Danke!

Allen Therapeuten-Kollegen, die dieses Buch als Anregung betrachten, möchten wir für ihr Interesse danken – möge es ihnen persönlich und ihrer Arbeit mit Patienten und Klienten dienen!

Möge auch unsere ausbildende Tätigkeit so betrachtet werden, wie wir sie verstehen: Wir brauchen viele Hände, um sie all den suchenden Menschen reichen zu können.

Dank sei an alle gerichtet, die dazu beitrugen, daß dieses Buch entstehen konnte: an unsere Patienten für die freundliche Freigabe ihrer Krankheitsgeschichten und an unsere Kollegen in der Praxis für deren Erfahrungsberichte.

An dieser Stelle sei insbesondere Hannelore Alt erwähnt sowie Elisabeth Bräuning für ihre Treue, Hanne Grym für ihre technische Führung und Ulf Grym für seine organisatorische Unterstützung gedankt.

Auch möchten wir uns über alle Grenzen hinweg in allen Ebenen für die hilfreichen Erkenntnisse zum Wirken bedanken.

Der geistigen Inspiration und Führung aus lichtvollen Schwingungsbereichen der Natur danken wir in Liebe und Demut.

Möge dieses Buch in vielen ein Licht wachsender Erkenntnis anzünden!

Ihre Autoren

Marianne Uhl   Barbi Schloberg   Karsten Schloberg

Anhang

Die Fußreflexzonen

Fußsohle – rechter Fuß

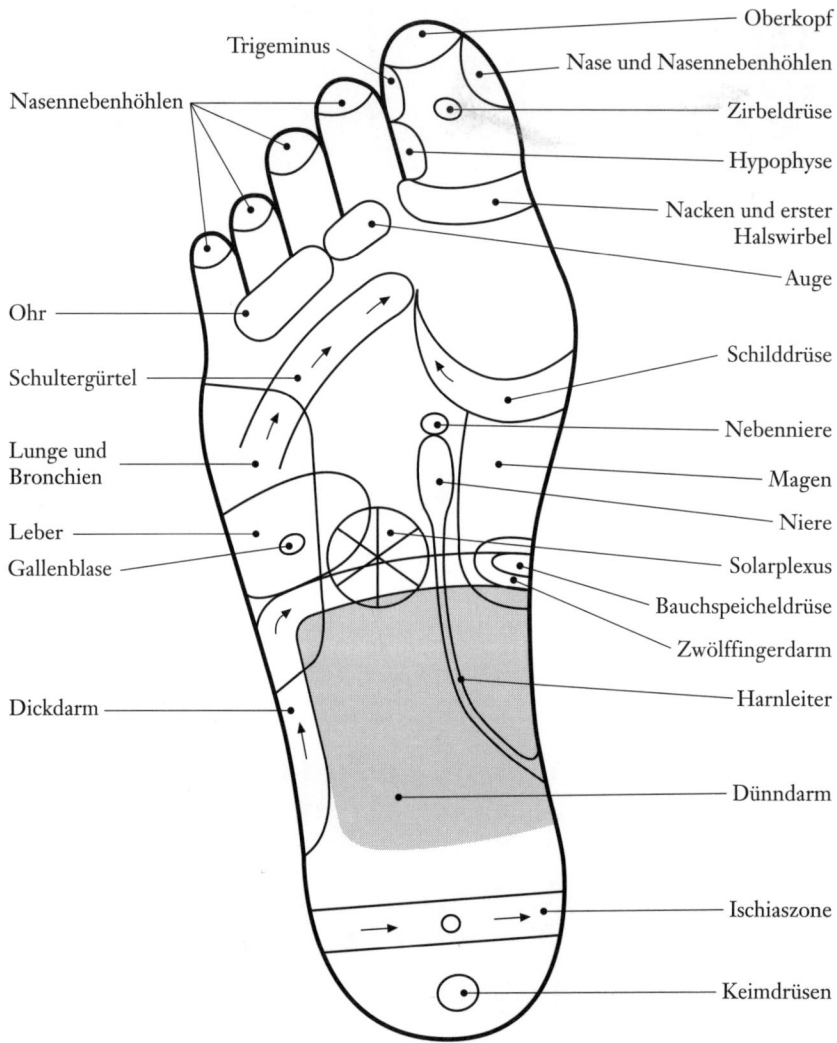

Trigeminus

Nasennebenhöhlen

Ohr

Schultergürtel

Lunge und
Bronchien

Leber

Gallenblase

Dickdarm

Oberkopf

Nase und Nasennebenhöhlen

Zirbeldrüse

Hypophyse

Nacken und erster
Halswirbel

Auge

Schilddrüse

Nebenniere

Magen

Niere

Solarplexus

Bauchspeicheldrüse

Zwölffingerdarm

Harnleiter

Dünndarm

Ischiaszone

Keimdrüsen

Fußsohle – linker Fuß

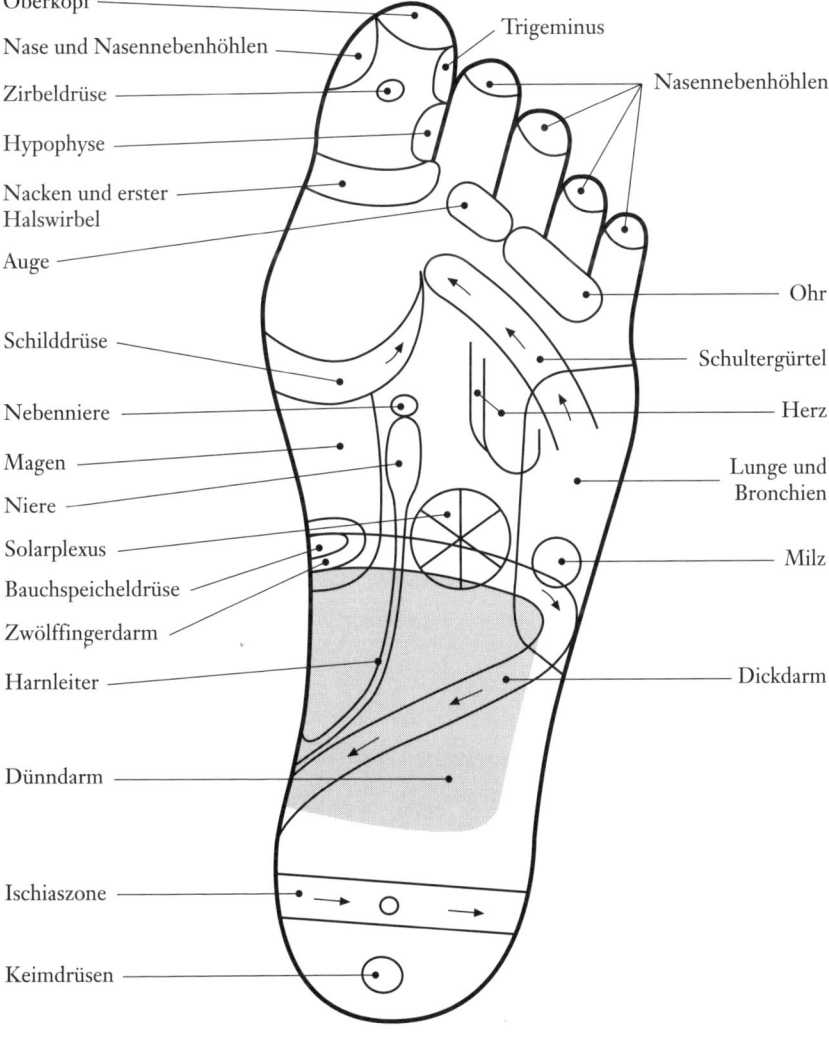

Oberkopf

Nase und Nasennebenhöhlen

Zirbeldrüse

Hypophyse

Nacken und erster Halswirbel

Auge

Schilddrüse

Nebenniere

Magen

Niere

Solarplexus

Bauchspeicheldrüse

Zwölffingerdarm

Harnleiter

Dünndarm

Ischiaszone

Keimdrüsen

Trigeminus

Nasennebenhöhlen

Ohr

Schultergürtel

Herz

Lunge und Bronchien

Milz

Dickdarm

Seitenansicht – rechter Fuß

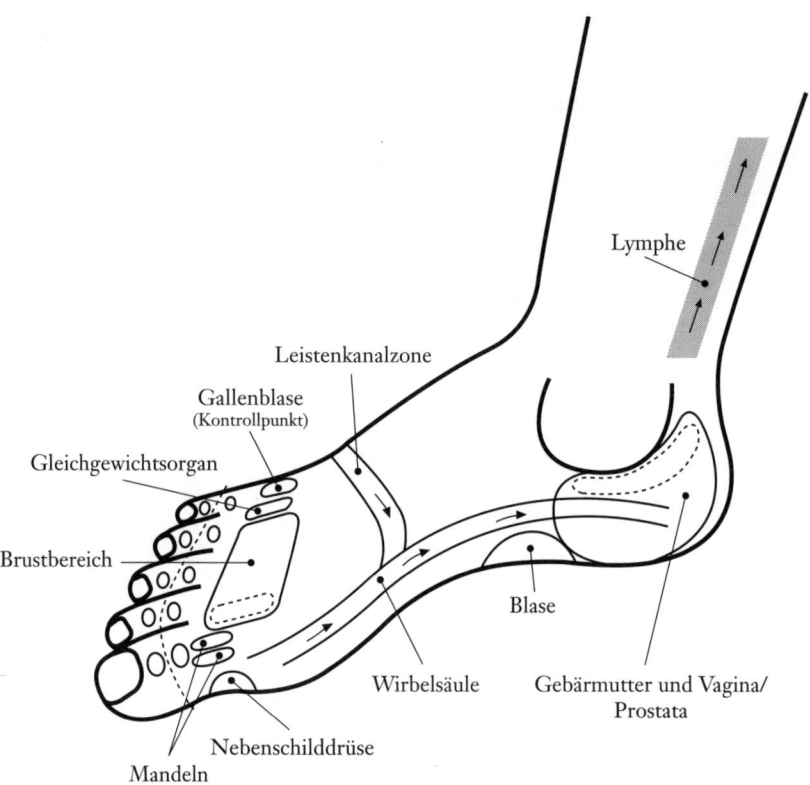

Seitenansicht – linker Fuß

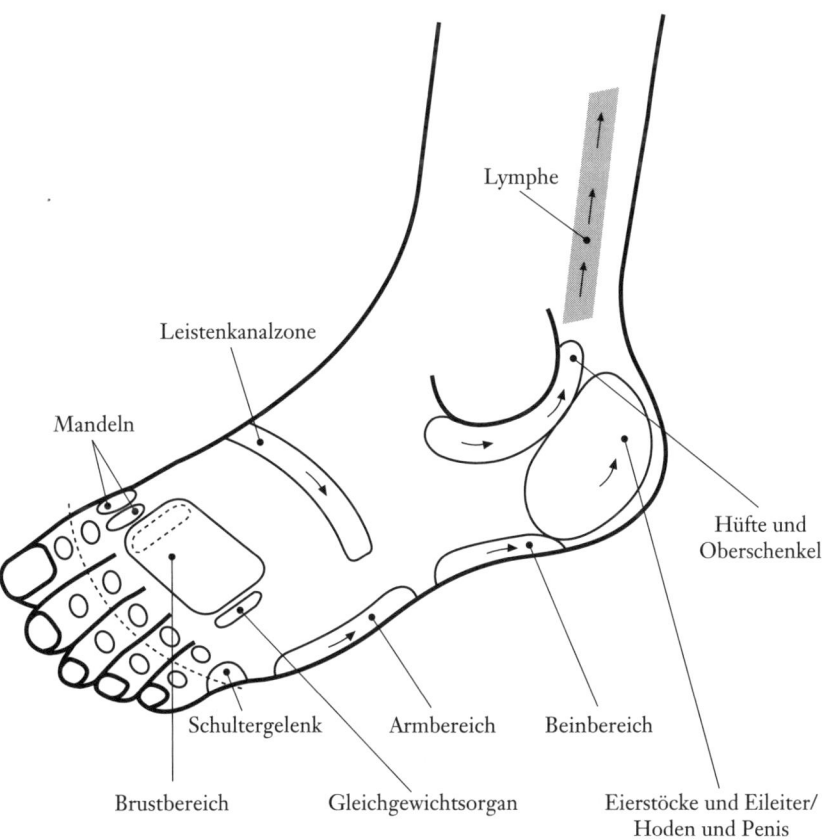

Lymphe

Leistenkanalzone

Mandeln

Hüfte und
Oberschenkel

Schultergelenk   Armbereich   Beinbereich

Brustbereich   Gleichgewichtsorgan   Eierstöcke und Eileiter/
Hoden und Penis

Fußrücken – rechter Fuß

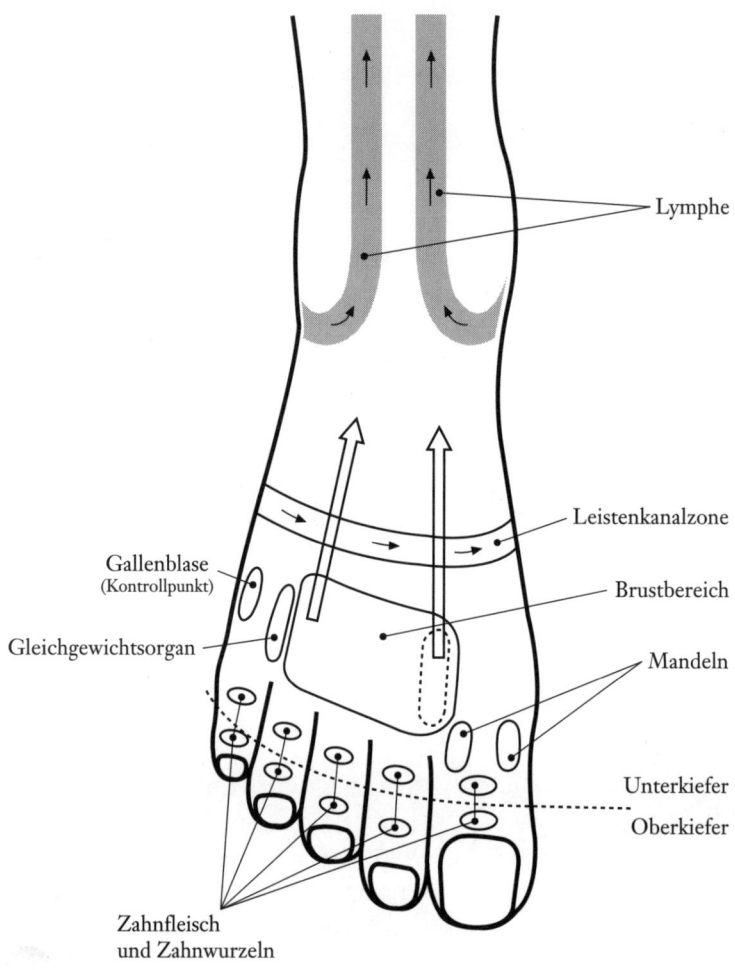

Lymphe

Leistenkanalzone

Gallenblase
(Kontrollpunkt)

Brustbereich

Gleichgewichtsorgan

Mandeln

Unterkiefer

Oberkiefer

Zahnfleisch
und Zahnwurzeln

Fußrücken – linker Fuß

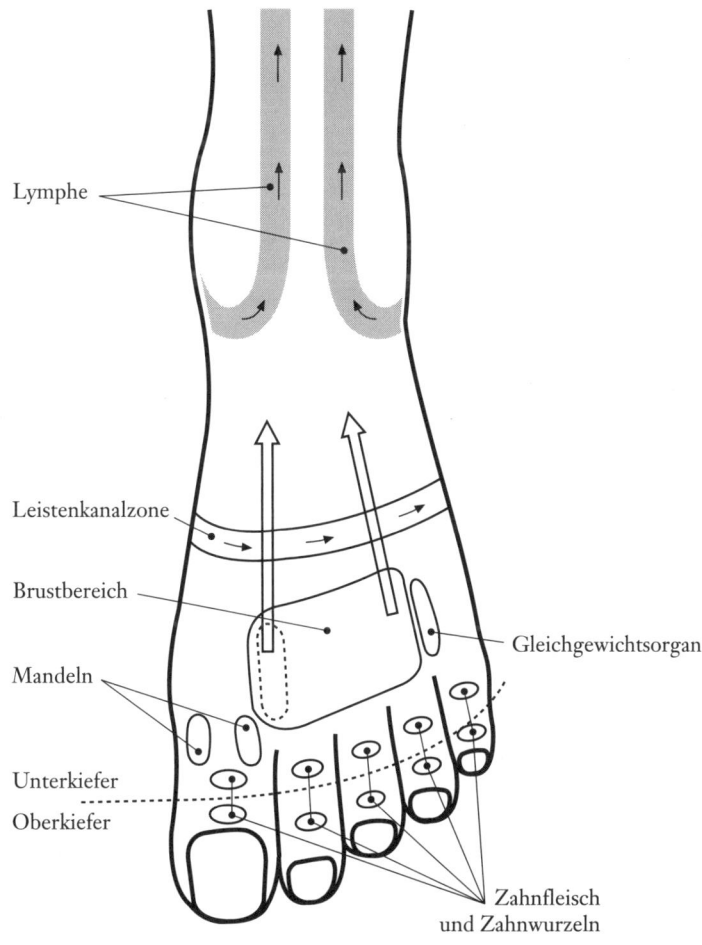

Lymphe

Leistenkanalzone

Brustbereich

Gleichgewichtsorgan

Mandeln

Unterkiefer

Oberkiefer

Zahnfleisch
und Zahnwurzeln

Fersenansicht

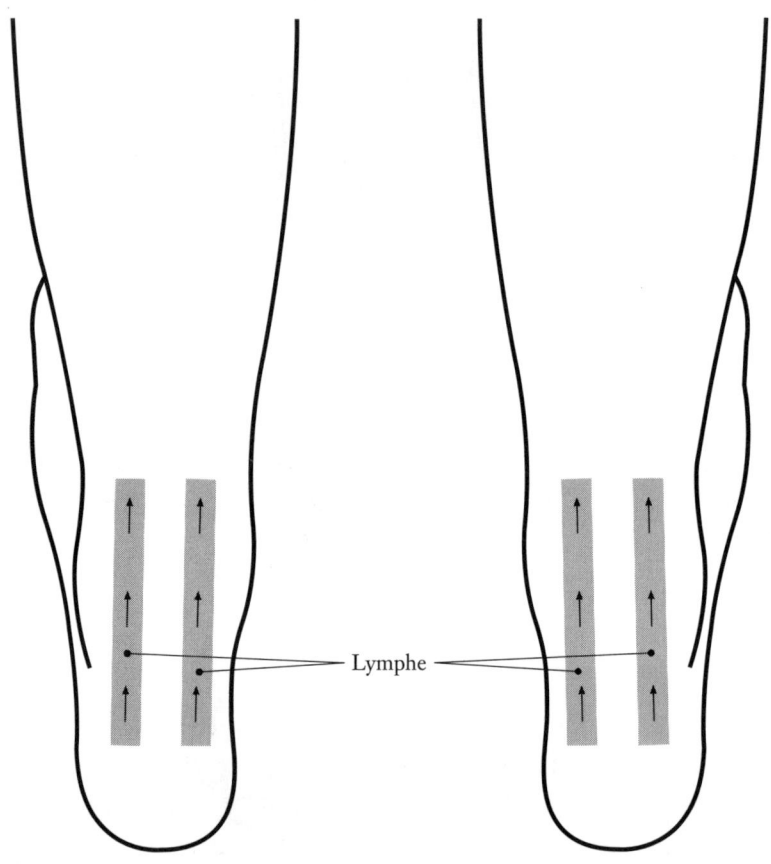

Lymphe

Über die Autoren

Alle drei Autoren arbeiten zusammen – jeder mit individuellen Schwerpunkten – an der gemeinsamen Aufgabe, die sich in die Bereiche Heilpraktiker-Praxis, Schulungszentrum für Alternative Heilmethoden und den Verlag EVT auffächert.

Marianne Uhl

Die Frankfurter Heilpraktikerin wurde 1946 in Unterfranken geboren. Sie war zunächst als Krankenschwester tätig, um sich dann nach ihrer Spezialisierung auf das Gebiet der Fußreflexzonen selbständig zu machen.

Ihre große Sensitivität ermöglicht ihr die Transkommunikation mit hochfrequenten Schwingungsbereichen. So erhält sie tiefe Einblicke in geistig-seelische Dimensionen, die sie im Dienste am Menschen vor allem in ihrer Seminartätigkeit weitergibt.

Die Erkenntnisse aus ihrer medialen Forschungsarbeit in Mikro- und Makrokosmos veröffentlicht sie als Buchautorin.

Das Hauptthema ihrer Arbeit liegt dabei in der Aktivierung der Energiefelder, der Chakren. Dazu setzt sie auch Farbschwingungen ein, wie das von ihr gemalte Titelbild zu diesem Buch anschaulich illustriert.

Barbi Schloberg

Nach dem Abitur und einer Ausbildung im chemischen Industrie-
bereich interessierte sich Barbi Schloberg, Jahrgang 1967, für die
biologisch-energetischen Vorgänge im Menschen.

So erlernte sie bei Marianne Uhl die Reflexzonenarbeit nach
Eunice Ingham und Dr. Fitzgerald. Die Erfahrungen und Erfolge
in der Praxisarbeit zeigten ihr rasch, daß über die Reflexzonen ein
enormes Energiepotential entfaltet werden kann.

Eine ihrer Stärken ist die klare und analytische Strukturierung
komplexer Themengebiete. Daher ist sie im Ausbildungsbereich,
neben ihrer Tätigkeit als Heilpraktikerin und der Mitarbeit an
diesem Buch, vor allem in der Grundlagenvermittlung engagiert.

Karsten Schloberg

Nach musikalisch-künstlerischen Interessen in der Jugend, dem
Abitur und einer kaufmännischen Berufsausbildung verknüpft
Karsten Schloberg, Jahrgang 1968, nun diese beiden Aspekte in
der Verlagsarbeit.

Er ist ebenfalls ausgebildeter Heilpraktiker und arbeitet nach
den Methoden von Marianne Uhl.

Im Schulungszentrum und auch im Verlag verbindet er die
geistigen Inspirationen von Marianne Uhl mit den technisch-
analytischen Anforderungen des Zeitgeistes.

214

Bibliographie

Hay, Louise L.: „Heile Deinen Körper"
Verlag Alf Lüchow, Freiburg i. Br. 1996
ISBN 3-925898-04-2

„Pschyrembel Klinisches Wörterbuch"
Verlag Walter de Gruyter, Berlin, New York 1990
ISBN 3-11-010881-X

Uhl, Marianne: „Chakra-Energie-Massage"
Windpferd Verlag, Aitrang 1996
ISBN 3-89385-031-7

Uhl, Marianne: „Das Chakra-Orgel-Handbuch"
Windpferd Verlag, Aitrang 1997
ISBN 3-89385-046-5

Uhl, Marianne: „Die 21 Chakren"
EVT Energy Video Training & Verlag, Frankfurt 1993
ISBN 3-930255-00-6

Uhl, Marianne: Meßinstrument „Schwingungsspirale"
EVT Energy Video Training & Verlag, Frankfurt 1993
ISBN 3-930255-02-2

Uhl, Marianne: „Überleben durch Loslassen"
EVT Energy Video Training & Verlag, Frankfurt 1994
ISBN 3-930255-12-X

Musikempfehlungen

Chakra-Orgel-Meditation

Bauer, Bernd und Achim; Uhl, Marianne:
Windpferd Verlag, Aitrang 1997

Herz-Chakra-Meditation, CD
  ISBN 3-89385-039-2

Nabel-Chakra-Meditation, CD
  ISBN 3-89385-040-6

Hals-Chakra-Meditation, CD
  ISBN 3-89385-041-4

Milz-Chakra-Meditation, CD
  ISBN 3-89385-042-2

Stirn-Chakra-Meditation, CD
  ISBN 3-89385-043-0

Wurzel-Chakra-Meditation, CD
  ISBN 3-89385-044-9

Scheitel-Chakra-Meditation, CD
  ISBN 3-89385-045-7

Schwingungsfrequenzen für den Körper

Kohlmeyer, Robert; Uhl, Marianne:
EVT Energy Video Training & Verlag, Frankfurt 1992/93

Knochensystem, MC
 ISBN 3-930255-03-0

Verdauungssystem, MC
 ISBN 3-930255-04-9

Lymphsystem, MC
 ISBN 3-930255-05-7

Musik für die 21 Chakren

Kohlmeyer, Robert; Uhl, Marianne:
EVT Energy Video Training & Verlag, Frankfurt 1993/94

Spiralenmeditation, MC
 ISBN 3-930255-01-4

Spiralenmeditation, CD
 ISBN 3-930255-11-1

Musik für Geist und Seele

Kohlmeyer, Robert; Uhl, Marianne:
EVT Energy Video Training & Verlag, Frankfurt 1993

Reinkarnation, MC
 ISBN 3-930255-06-5

Astralreise, MC
 ISBN 3-930255-07-3

Adressen

Informationen über Seminare und Ausbildungen erhalten Sie vom:

Schulungszentrum
für Alternative Heilmethoden
Waldschmidtstraße 113
D - 60314 Frankfurt am Main

Tel. (0 69) 49 45 72
Fax (0 69) 4 95 09 74

Informationen über weitere Titel aus dem Verlagsprogramm von
EVT bekommen Sie direkt vom Verlag:

EVT Energy Video Training &
Verlag GmbH
Waldschmidtstraße 113
D - 60314 Frankfurt am Main

Tel. (0 69) 43 15 75
Fax (0 69) 4 95 09 74

ISBN 3-930255-00-6

ISBN 3-930255-12-X

Marianne Uhl

Die 21 Chakren

Ein praktisches Taschenbuch über alle 21 Energiefelder des Menschen. Die zahlreichen Abbildungen verdeutlichen die Lage der Energiezentren und ihr Zusammenspiel am Körper, in der Aura und im Kausalbereich. Mit Einzelbeschreibungen zu jedem Chakra, um die jeweilige Thematik zu verdeutlichen. Dabei sind die Erklärungen so aufgebaut, daß sie zum „Selber-Nachdenken" anregen. Diese gedankliche Auseinandersetzung beim Lesen aktiviert gleichzeitig den Energiefluß in den Chakren und regt die Auflösung von Blockierungen im Energiefeld an. Ein Buch zum Aufarbeiten und Nachschlagen.

Marianne Uhl

Überleben durch Loslassen

Hilfreiche Gedankenanregungen für die Bewältigung aller Herausforderungen, die sich auf dem Lebensweg stellen: Geburt, Kindsein, Pubertät, Eltern loslassen, Selbstverantwortung und viele Themen mehr...
Marianne Uhl hat in diesem Buch Texte zusammengestellt, die für Aha-Erlebnisse sorgen, und die dabei helfen, alte Strukturen aufzulösen und die persönliche Freiheit zu finden. Mit den zahlreichen praktischen Übungen, beispielsweise zur Reinigung der Aura und der Energiefelder, ist das Buch so konzipiert, daß es immer wieder als Hilfe zur Selbsthilfe zu Rate gezogen werden kann.

ISBN 3-930255-17-0

ISBN 3-930255-37-5

Marianne Uhl

Meditations-Handbuch

„Meditationen zum Lesen und Vorlesen" lautet der Untertitel und das Motto dieses Buches: 21 Texte zur Selbstanwendung und für die Gruppenarbeit.
Nach der praktischen Einführung beginnt eine Reise in meditative Betrachtungen der Natur – Steine und Blumen, Bäume und die fünf Elemente… so führt der Weg vom sichtbar Naturhaften zum Unsichtbaren in die Unendlichkeit der Welten.
Jedes Kapitel ist eine eigenständige Meditation, der eine kurze Erklärung vorangestellt ist. Damit kann für jede Stimmung der passende Text gefunden werden.
Das Handbuch ist in Groß-Schrift gedruckt, um auch bei etwas gedämpfter Beleuchtung leichte Lesbarkeit zu gewährleisten.

Roland Geßler

Tarot – Botschaften aus dem Verborgenen

Basierend auf seiner langjährigen Erfahrung als Lebensberater veröffentlicht Roland Geßler mit diesem Buch eine „Bedienungsanleitung" für die Tarotkarten. Das Buch ist also absolut praxisorientiert! Im ersten Teil werden die einzelnen Tarotkarten so beschrieben, daß verständlich wird, *wieso* sie die jeweilige Bedeutung haben. Danach geht es um die Auslegung der Karten. Dabei werden Sinn und Zweck der Legesysteme ebenso erklärt wie auch ihre Interpretation. Für den Einsteiger finden sich leichte Systeme mit drei Karten, die dann ausgebaut werden können auf bis zu 38 Tarotkarten. Universell für jedes Kartendeck; mit praktischem Nachschlageteil.

MC, ISBN 3-930255-03-0

Robert Kohlmeyer · Marianne Uhl

Knochensystem

Nach langjähriger Forschungsarbeit wurde eine
Serie mit drei Kassetten entwickelt, deren Musikfrequenzen ganz gezielt auf das jeweilige
Körpersystem abgestimmt sind.
Der Charakter der Musik für das Knochensystem
ist tragend, ruhig und in sich stabil. So fließen die
Töne und Melodien in die Zellstruktur ein, lösen
alle Verkrampfungen und aktivieren wirkungsvoll
die körpereigenen Selbstheilungsenergien.

MC, ISBN 3-930255-04-9

Robert Kohlmeyer · Marianne Uhl

Verdauungssystem

Diese Musik aus der Serie für den Körper schwingt
in der pulsierenden Rhythmik des Verdauungs-
systems. Die fließenden Melodien wirken angenehm entspannend, um nicht nur körperlich,
sondern auch geistig-seelisch „alles zu verdauen".
Die Anspannungen im Nervensystem nach einem
anstrengenden, streßreichen Tag lösen sich,
und die inneren Organbereiche können wieder
regenerieren.

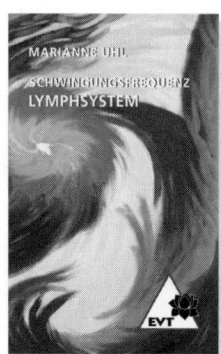

MC, ISBN 3-930255-05-7

Robert Kohlmeyer · Marianne Uhl

Lymphsystem

Der Lymphkreislauf ist eng mit den Energiefeldern
verbunden, so daß er in die Gefühlswelt und feinfühlige Wahrnehmungsfähigkeit führt. Dieser
Bereich ist sehr empfänglich für hochfrequente
Schwingungen. Und genau diese Atmosphäre liegt
in der Musik: Fließende Harmonie und Entspannung für das Lymphsystem des Körpers, tief
empfundenes Gefühl, und die Öffnung über die
eigenen Dimensionen hinaus in die Unendlichkeit.

Robert Kohlmeyer · Marianne Uhl

Astralreise

Wunderschöne Melodiefolgen und Klänge zum
Entspannen. Eine Musik, um den Alltagsstreß
loszulassen und inneren Frieden zu finden. Im
zweiten CD-Teil spricht Marianne Uhl zu der
gleichen Musik einfühlsam eine Meditationsanleitung und führt in eine wohltuende und
inspirierende Gedankenreise.

CD, ISBN 3-930255-38-3

Robert Kohlmeyer · Marianne Uhl

Spiralenmeditation

Die aktivierende und gleichmäßige Rhythmik in
dieser Musik spricht alle Energiefelder an. So
öffnet sich das Potential ihrer Kräfte und steht
für den Alltag zur Verfügung.
Die Entspannungsübung in Teil Zwei der CD
führt ganz bewußt durch alle 21 Chakren, um
ihren Energiefluß zu harmonisieren.

CD, ISBN 3-930255-11-1

Robert Kohlmeyer · Marianne Uhl

Atlantis

Eine sehr ausdrucksstarke, moderne Musik, die
mit ihren kraftvollen Frequenzen speziell das
Dritte Auge aktiviert.
Mit meditativen Worten führt Marianne Uhl
im zweiten Teil in eine Tiefenentspannung, um
die Verbindung zu den Wahrnehmungen des
inneren Auges zu öffnen.

CD, ISBN 3-930255-15-4